最後の警告

宇宙の意志が導く平和への道標

後藤征士
Goto Masashi

たま出版

はじめに

「あなたは平和を望みますか？」と尋ねられれば、百人中百人が「望みます」と答えるでしょう。それなのに、なぜ世界は平和にならないのでしょうか？

戦後七十年間、日本は戦争体験がありません。

これは戦後定められた平和憲法のおかげですが、多くの国民は「平和は当たり前のもの」だと思っています。平和がいかに貴重で、ありがたいものであるかを忘れて生活しているのです。

日ごろから平和の尊さを意識し、今日一日の平和に感謝している人がどれだけいるでしょうか。さらに、日本だけでなく世界の平和の重要性について認識している人がどれだけいるでしょうか。平和を実現し、持続させる努力を日常的にしている人はいるでしょうか。

平和をあたりまえだと錯覚している人々が、平和な社会を構築しようと本気で考え、行動することはありません。残念ながら、ありえないことなのです。

では、いったん平和な社会を失ったらどうなるのでしょう。想像したことがあるでしょうか。

たまには戦争した方が緊張感があっていい、などとうそぶく若者がいますが、戦争の実態を知ったら冗談にも言えることではありません。戦争になれば、自分や家族の生命が脅かされるだけでなく、国家によってあらゆる自由を奪われ、命令に絶対服従を強いられ、自分の生命を差し出し、心を洗脳され、思想も統一されてしまうのです。

さらには、戦前に憲兵隊が組織されたように、密告が奨励され、国民の信頼感や協調心をずたずたにしていくでしょう。権力に従わず戦争拒否するような人々は国賊扱いされ、逮捕、拷問、強殺が待っています。食料も配給制となり、それでは足りずに奪い合いになる場合もあるでしょう。国民が飢餓状態に置かれるだけではありません。理不尽なのは、権力を持った連中の何不自由ない生活を見せつけられることです。世に不公平がのさばるのを見ることほど辛いものはありません。

それなのに、人類は戦争をやめることができません。

キリストが「汝の隣人を愛せよ」と教えられてから二千年以上経ちますが、その間、戦争の起きない時代はなかったといえるほど、人類は戦争を続けています。

なぜ、戦争がやまないのでしょうか。

人類は、戦争のない地球をつくれないのでしょうか。

こうした疑問を抱いて本書にとりかかりましたが、その過程で、今までの常識的な考え方にのっとっていてはいかなることも発見できないと知りました。

叡智は、常識や、今まで培った知識のなかにはなかったのです。非常識と思われる範囲まで拡大して洞察しなければ、本当の解決策は発見できません。

非常識とは、真実でないという意味ではありません。

非常識、非公式と考えていることのなかにこそ、真実が隠されているのです。

そういう意味で、この書はきわめて非常識な内容になっています。常識や知識の発達している人々にとっては、理解に苦しむ内容かもしれません。見かたを変えると、この書に対する反応によって、あなたの常識度がチェックできるともいえるでしょう。

では、はたして、常識の発達した人々が世界の平和に貢献できるでしょうか。過去の実績をみると、その可能性は薄そうです。

ですが、この非常識な本が堂々と世のなかに出回り、一人でも多くの人々の目に触れたなら、そして内容を理解されたなら、確実に世のなかは変わっていくものと確信しています。

逆に、この書が読まれないようならば、地球の平和は永久に訪れないと言っても過言ではないでしょう。平和を実現する力を知って、一人ひとりが実行する以外に、人類が生き残る道はありません。

この書を読み進めるうちに、はっと気づく部分があると信じます。なにかを感じ取っていただけるなら、それ以上の喜びはありません。人が、生きる本当の意味を知ったとき、人類の平和は間違いなく実現するのです。

世界が平和にならない理由は、大きく分けて三つ考えられます。

理由の第一は、世界を支配している人々が、平和を望まないばかりか、平和になっては困ると考えているからです。

なぜ、平和になっては困るのでしょうか。

二つの理由があります。一つは、武器弾薬などの兵器が売れなくなるからです。アメリカが顕著ですが、軍産複合体といって、定期的に戦争を起こさなくては景気が維持できない状態なのです。

戦争ほど儲かるものはありません。いったん戦争になれば、最大限の国家予算を投じて軍備を調えるのですから、武器製造企業にとって戦争はたまらない魅力なのです。戦争が金儲けの手段になっています。人類が戦争で人命を奪ってまで金儲けに走るのは、世界が貨幣経済中心の社会で、大多数がお金信仰に陥っているからです。お金を持つことが人生の幸せの源だと考え、お金に最高の価値を置いているからです。お金を持つ者と、持たない者のあいだに生まれる格差が世界を不安定にしています。お金を得ることが人生の最大目的だと考える人々が大多数を占め、過酷な競争社会が生まれています。

お金を得るための競争を続けるかぎり、人類の平和は実現しません。戦争を望む支配者にとっては、貨幣を中心とする競争社会こそ最適な環境なのです。

平和になって困る二つめの理由は、にわかには信じられないでしょうけれど、戦争がないと人口が増え続けてしまうという恐れです。

戦争で人々が犠牲になって死んでいくからこそ、人口が抑制されて、世界人口が一定の水準に保たれると考える人々がいるのです。

一定の水準とは、今の世界人口七十億人を指すものではありません。このままでは地球の資源はもたないとの説のもと、二十億人から三十億人程度が望ましい適度な人口と考えられています。現在の状態から四十〜五十億人は減らす必要があると本気で考えているのです。

そのための秘密の計画書も作成されています。「世界人口削減計画」です。世界の各地でたえず戦争が続き、多くの人々が犠牲になって死んでいく状態が、この計画をつくった者たちにとって理想なのです。

戦後生まれた国連という組織が、この思想を体現する代表格です。この組織は、表向き世界の平和に貢献しているように見せかけてはいますが、裏側では戦争を煽り、戦争当事者双方へ武器弾薬を売りさばいているのです。

しかし、このことをすぐ信じられる人は少ないでしょう。

こうした組織がまき散らすのは、戦争だけではありません。エイズ、鳥インフルエンザ、狂牛病、サーズといった、ありとあらゆるウイルスを蔓延させて意図的にパンデミックを引き起こし、大量の死者が出るよう画策しているのです。そうした行為の隠れ蓑になっているのは、WHOなどの公的機関です。

麻薬もそうした思想によってはびこっているもののひとつです。世界各地で取り締まられていますが、没収した麻薬が焼却されることはありません。流通が止まることはないでしょう。ここにもまた、巨額の利益を得ている組織があります。

こうしてさまざまに戦争が仕掛けられていますが、活動はそれだけにとどまりません。手をつくして貧富の格差を大きくして、殺伐とした社会にしています。戦争しやすい状況をつくろうとしているのです。

お金や物質に最高の価値があるように思いこませ、それを得るために競わせます。それと同時に、全体の生活レベルが上がらないよう、社会を貧しくしていきます。裕福な社会では、人々は戦争したいと思わなくなるからです。

日本でも、中産階級と呼ばれた人々が姿を消し、派遣労働者が極端に増えて、年収二百万円程度の労働者を大量生産しています。これらは偶然の現象ではなく、すべて意図的におこなわれていることなのです。

世界が平和にならない二つめの理由はなにか。世界の住民が本気で平和を望んでいないからです。

平和であって欲しいと思ってはいますが、「そのためにどんな努力をしていますか?」と問われれば、なにも行動していない人々が大半です。

この宇宙は、肉眼で確認できる物質だけでできているわけではありません。すべては波動でできていて、言葉や思いも波動なのです。世界の住民が本気で平和な社会を望み、その実現に向かってなんらかの行動をとるならば、波動が高まり、世界は変わっていくでしょう。しかし、行動することがなければ、世界は永遠に変わらないでしょう。

世界が平和にならない理由の三つめは、世界を平和にする、ということの本当の意味を知らないことです。

「世界は平和でなければならない」と考えて、ただ義務感や使命感で平和を実現しようとしても、大きな力にはならないのです。

人類が平和になる、世界の平和を実現するというのは、自分の生涯を賭けるべき、この世に生を持った目的なのです。なんと大げさな物言いだと思われるでしょうか。

世界平和とは、すべての人類の目的です。単なる願いではありません。二十一世紀の人類の目的こそが「世界平和の実現」なのです。これ以上の目的を人類は持っていません。

この真理に気づいている人はごくわずかです。

人はなぜ生まれてくるのかという問いについては、さまざまな人がさまざまな書物で語っていますが、「人類の平和を実現するために生まれてきた」と明快に語っている書物はありません。平和の実現を宗教と絡めたり、道徳や倫理観で語ったりしているものはあります。しかし、真実は違います。

「世界を平和に導く力」は、ミクロ的にとらえると、「自分の心を平和に導く力」ともいえます。自分の心を平和にできない人は、世界を平和には導けないでしょう。各個人が自分の心を平和で満たしたときにこそ、間違いなく世界は平和になっていくのです。この部分にしっかりと光を当てて考察していかなければ、本当の解決策は得られません。

先に述べたように、過去に起きた大戦もまた、意図的に、計画的に起こされたものですが、現在、世界各地で日常的に生じている紛争が徐々に拡大して、いずれ日本を巻き込む戦争に発展する可能性もないとはいえません。

利害の対立に流されるまま、やられたらやり返すことを続けていたら、国家間の波動は日ごとに殺伐としていくでしょう。小さい利害の対立からくる「小競り合い」が、いつしか増幅していくのです。核を持つ国は、それを使用する誘惑にかられるでしょう。

誘惑に負け、もし相手国を核攻撃したら、自らもまた報復を受け、双方とも壊滅してしまいます。わかりきった結末であるのに、そんなことも想像できない想像力の乏しい政治家が増えています。戦争の愚かさに気づかず、先制攻撃しさえすれば勝てる、生き残れると本気で考えているのです。

三次元のこの世に生まれてきた人々は、自分の生活基盤を築くために学問し、職を選び、生きる術を学んできました。それを使って地位や財を築いた人は成功者とみなされました。成功者になることが人生の目的で、それこそが人生の真実だと考えている人々が世界の大半を占めていることでしょう。

そんな考えを抱いている人々に、世界を平和にすることこそが人生の目的だと伝えても、考えが乖離しすぎて、なにを言おうとしているのか、ピンとくるはずもありません。それほど人類は真理から遠ざかってしまったのです。

真理を悟るためには、今までの常識や知識から離れなければなりません。人間を三次元的な肉体のみでとらえていては、答えは出ないのです。多次元で構成されている「宇宙」を、さらには、深遠な「宇宙の法則」までを知らなければなりません。それを知って、理解したとき、人類は変わります。

神や仏を宗教的に信じ、祈ったからといって、世界は平和にはなりません。平和を追求することは、自分の人生の意義を知ることに通じます。それを求めていけば、答えが思わぬところに隠されていると気づくでしょう。

本書を読み進めるうちに、あなたは、「世界を平和に導く力」が「自分を平和に導く」ことであると理解し、その正しい方法と力を発見することになるでしょう。生き方が変わります。

読み終える前と後で、以下の質問に対する答えが変わったかどうか、自問自答してみてください。この問いにすべて「イエス」と答えられた方は、この本を卒業していく方だといえます。

・私という存在は、肉体、心、魂からできている
・それらのなかで、もっとも重視するものはなにか知っている
・私が（日本人として）生まれてきた意味を知っている
・宇宙の存在を意識したことがある。もしくはいつも意識している
・宇宙には明確な意志があると知っている
・人間の命は肉体だけでないと知っている
・死後も魂、心、意識は残り、それらは永遠であると知っている
・人間が何度も生まれ変わってくる理由を知っている
・世界の平和と私（自分）との関わりを知っている

では、「人類の平和の実現こそが、我々の人生の目的である」という真実について、明らかにしていきましょう。

最後の警告 宇宙の意志が導く平和への道標 ◎ もくじ

5 世界にはびこるもの

1 人類を戦争にかりたてるもの

人類の過ち

人類がいつまでも平和を手にできない原因のひとつに、人類全体の考え方、生き方について、大きな間違いがあることが挙げられます。

肉眼で見える宇宙が宇宙のすべてだと思っていないでしょうか。その考えが間違いの一歩です。現在、宇宙がどのようにしてできたのかを、科学で究明しようと試みていますが、目に見える宇宙を電波望遠鏡などでいくら探索したところで、宇宙の神秘は解明できないでしょう。ましてや、正しい宇宙観を得るのは不可能ともいえます。物理的な現象のなかに真実はないからです。

また、人間の力で証明できないものは実在しないという考えも誤りです。

そうした考えを持っている人ほど、科学で証明できないものが存在する可能性をかたくなに否定するにもかかわらず、信じるべきでないものを根拠もなく簡単に信じてしまう傾向にあります。間違った情報であっても、権威あると信じている相手が発信すると、その情報を鵜呑みにしてしまうのです。洗脳されやすいと言い換えてもいいでしょう。

権力者や政府の発する言葉や情報、宗教上の教祖やリーダーの言動、高名な学者や科学者の発する言葉、こうした権威から発せられる情報に、真実を知らない人々は簡単に惑わされてしまいます。

また、見えない世界の情報を得ようとする人々は、自称霊能者の言葉の真実を見抜けず、それが誤りなのか真実なのかもわからないまま、平気で信じてしまう傾向があります。そして、いったん誤った情報を信じ込むと、信じる価値のある大切な情報は一顧だにされなくなります。

ゆえに、私たちがこれから追求していく「世界を平和に導く力」は、これら人類の誤解や間違った考え方を修正しないかぎり得られません。常識や知識をまず白紙に戻さなくては、この力を発見できないのです。

あなたは、「自分の常識、知識を白紙にする」ことができるでしょうか。

その第一歩は、権威あるものを一度疑ってみることであり、常識から外れた考えを一度受け入れてみることです。

受け入れるとは、そのまま信じるという意味ではありません。その情報の真偽を本気で追求しようとする心を持つという意味です。ある事柄について、頭から「ありえない」と否定するのは簡単です。しかし、自分の常識のみに固執するのは愚かな行為ではないでしょうか。これを愚かだと感じないところが問題なのです。


私たち人間は、偉大なる存在でしょうか。

それとも、取るに足りない哀れで愚かな存在でしょうか。

それぞれの分野で成功をおさめた人は、自分は無から有を築き上げた偉大な存在だと自負するでしょう。逆に、人生に敗れ失敗を繰り返してきたような人は、自分を偉大なる存在とは思えないでしょう。しかし、この価値判断はどちらも間違っています。価値基準をこの世的な生き方に置いている基本的な部分がすでに誤りなのです。

地位や財産を得て、他より優位な立場にある人を高く評価するこの世の価値基準は、この世だけのものです。本来の人間としての価値基準は違うところにあります。人間がこうした目に見える成功に固執するのは、三次元世界しか見えていないからです。三次元世界とは、私たちが生きているこの世界、生まれてから死ぬまでの世界です。

この三次元世界がすべてだとする考えが、人類の大いなる過ちです。この考えを早急に改める必要があります。人生を死ぬまでのものと考えている人がほとんどでしょうけれど、実際は、生きて死ぬまでのこの世での営みは、人生全体のほんの一部分にすぎません。

自分の生命は死んだら終わり……はたしてそれは真実でしょうか。あたりまえだと妄信せず、考えなくてはなりません。

世界平和も人類の幸福も、生命が三次元世界だけのものだという前提に立てば、今の現実が限界だという結論になるしかありません。あえて世界が平和にならなくても、それぞれが好き勝手に生きて、運のよしあしがすべてを分ける現実を受け入れるよりほかないでしょう。

しかし、この仮定は真実ではありません。

人間の生命は、肉体が死しても終わらず、魂として、意識体として永遠に生き続けるのです。こう言っても、すぐ「そうか」と納得することは難しいでしょう。

命が永遠に続くのなら、なぜ生き続けるのか。死後どうなるのか。なんの法則が働いているのか。こうした疑問が次々に浮かんできます。永遠の命にとっての「生」の意味も「死」の意味も、真剣に問いただ さなければなりません。

人間が生きるということは、ある種の神秘です。この世界の仕組みが、なんの意志もなく偶然にできあがったものだと考える人もいるでしょう。ですが、それはきわめて雑な考え方といわざるを得ません。

人間の肉体ひとつとっても、知れば知るほど、おそろしく巧妙にできていることがわかります。食べ物から養分を消化、吸収し、活動のエネルギーとするだけでなく、非常時のために肝臓にストックする機能さえあります。肺から取り込んだ酸素を血液に乗せて全身に送り、細胞を維持する機能、全身に神経を行き渡らせ、電気信号で脳に瞬時に情報を送る機能、侵入してきた病原菌と戦う免疫機能、どれをとっても、おいそれと代替できるものではありません。臓器ひとつの機能を肩代りさせるためには、その何倍もの大きさと複雑さをもった機械を用意しなければならないのです。

この肉体の神秘が偶然に成立したものだと結論づけるのは、いささか偶然を買い被りすぎてはいないでしょうか。子供を産んだ親にさえ、肉体そのものを創造する力はありません。誕生した子供は、両親の意図とは無関係に肉体の神秘を備え、両親の考えとは無関係に子供自身の考え方を持って成長します。

親であっても子供を支配することはできません。

ここに宇宙の法則が写しとられています。人間が自立した後は、すべての現象を自らの意思で選択する力を与えられているのです。人生の中身は、採用するか、捨て去るかの選択が基本になります。

自分の進路、職業、生き方、すべて自分の選択です。食事のメニューの決め方、住まいの決め方、なにをして遊ぶかなども自由な選択です。

人間はこうした自由を与えられて生きているのですが、実際には、制約を受ける場合もおおいにあるでしょう。経済環境や社会環境に人生を左右されることもあります。戦乱の続く環境であれば、その場から逃げるという選択しかできないこともあるでしょう。こうした、本来自由であるべき選択を制限される社会は、レベルの低い、遅れた社会です。

そう考えていくと、自由意思を制約する因習や、古い慣習、伝統などにとらわれることがどれほど低いレベルの考え方なのかがわかるでしょう。社会に張り巡らされた洗脳という網もそうです。学校教育からはじまり、テレビ、新聞、雑誌などのメディアがこぞって洗脳しようと私たちを待ち構えています。こうして、いつしか押しつけられた常識がはびこっていくのです。

自分が培ってきた知識や常識は、本当に確かなものでしょうか。自分以外の誰かに、別のなにかに植えつけられたものではないでしょうか。

では、ここであなたの洗脳度合いをチェックしてみましょう。次の質問に対して、イエス、ノーでお答えください。

・地球人類は、宇宙でもっとも進化している。
・宇宙広しといえど、高度な人類が住んでいる惑星は、基本的に地球のみだと考えられる。
・このような宇宙は、多くの偶然が重なってできたものだ。
・人類は、ダーウィンの学説のとおり、猿から進化したものである。
・人類が原始時代から発展して今日の文明を手に入れたのは、歴史上はじめてのことである。
・人類の歴史は、せいぜい三万年程度である。
・日本の歴史は神武天皇からはじまっている。
・人口を抑制しないと資源が枯渇し、やがてみんなが生きられなくなる。
・先進国で導入されている民主主義は、もっとも進んだ制度である。
・多様な人々が住む社会では、何事も多数決で決めていくのが正しい。

以上の質問のなかで、「イエス」の数はいくつだったでしょうか。

「イエス」の数が多ければ多いほど洗脳度が高く、ゼロに近いほど洗脳度が低い健全な精神を持っているといえます。自分の考えのどの部分が硬直しているのか、なんとなくわかってきたのではないでしょうか。

終わらない戦争ビジネス

軍産複合体のアメリカは、定期的に戦争を起こさないと景気が維持できません。それを実証するかのように、アメリカは好んで戦争を仕掛けてきました。ベトナム戦争、湾岸戦争、アフガン戦争、イラク戦争などは、すべてアメリカが仕掛けたものです。莫大な軍事費が使われました。

アメリカを含めて、世界の国々で消費される軍事費は、一分間に二百万ドルを超えるといわれています。日本円で二億円もの費用です。これだけのコストを貧困の解消に向けたなら、自爆テロを実行しようとする人はいなくなるのではないでしょうか。

国民に選ばれたはずの政治家やリーダーたちは、なぜか国民や人類が豊かになって喜ぶことにお金を使えず、苦しめる方向へ投じています。

第二次世界大戦後、パレスチナ地域にイスラエルが建国され、この地域に紛争の種が播かれました。一九四八年の第一次中東戦争に端を発し、その後第二次、第三次、一九七三年の第四次中東戦争に至るまで続き、その後もガザ地区を中心に紛争のたえない状態が続いています。

一九五〇年六月に勃発した韓国と北朝鮮の戦争では、アメリカが参戦、四百万人が犠牲になったといわれています。停戦時に三十八度線が設けられたことで、朝鮮半島が分断され、南北に分かれて、いまだに争っています。

ドイツもまた、ベルリンの壁が一九八九年十一月に撤廃されるまで、長いあいだ西と東に分かれて苦しんでいました。

このような例をみても、戦争再発を防ごうと努力、工夫するのではなく、戦争が終わってもなお紛争の火種を残し、その地に再度戦争が起きるように仕向けているとも考えられるのです。

個人は平和を望んでも、大きな力をもって動かされる戦争を止めるのは難しいことです。そこに利害が絡むからです。

いったん戦争がはじまれば、戦争産業を担う業界、企業は莫大な利益を受けます。その味を一度でも味わってしまうと止められません。戦争に勝てば、国民も利益のおこぼれを得られます。そのうまみを味わう国民もまた、戦争に反対できなくなっていきます。

戦争は偶然に起きるものではありません。

過去の戦争すべてが、計画され、仕組まれて起こされたものです。このことを知る国民はごく少数でしょう。歴史の授業でも真実を教えません。戦争は、ある日突然、偶発的に起きたもののように教えられます。

しかし実際には、戦争の仕掛人がいるのです。

アメリカが提唱し正義とした「テロとの戦い」は、特定の国を敵国にせずとも、テロが潜む国ならどことでも戦争可能な状況をつくりあげました。戦争を望む人々にとっては、なによりの「仕掛け」ができあがったのです。

ミサイルを飛ばしたり、爆撃機を使って空中から弾薬を落とす側には痛みが伴いません。ですが、実際に爆弾を投下される側には、生死に関わる苦しみが生じるのです。家を廃墟にされ、着の身着のままで放り出される人々の悲痛な苦しみがなぜわからないのでしょう。

年老いた人々や幼い子供が傷つき、殺されているのです。着るものも、食べることもままならない状況に陥っているのです。負傷者を治療する病院までが狙い撃ちされて、廃墟にされています。

彼らがなにをしたというのでしょう。彼ら自身が戦いに身を投じていなくても無差別に殺されているのです。

アメリカが敵としたアルカイダは、そもそもアメリカＣＩＡが養成したものだといいます。そのアルカイダはＩＳＩＳ（イスラム国）と合流し、小学生ほどの年齢の子供にまで戦う訓練をしています。

ＩＳＩＳが忽然と表舞台にあらわれたのはなぜでしょうか。

アメリカがリビアを武装解除した後、摂取した武器弾薬二・四兆円分をシリアに密かに運び、ＩＳＩＳという集団に手渡したのです。これは、オバマ政権で国務長官をしていたヒラリー・クリントンが指示し、ＣＩＡが実行したのです。

アメリカはＩＳＩＳを敵視し戦っていますが、そもそも自分たちが武器を渡して養成していたのです。戦争を継続するために、戦う相手を自分たちでつくりあげたというわけです。

憎悪が憎悪を呼び、対立は深まるばかりです。

テロの主犯は、射殺されるか、自爆しますが、人の命を軽視するだけでなく、自分の命も粗末にしています。大義のため、正義のためと信じて殺人を犯し、被害を与える相手になんの恨みもないというのに、人間同士で殺し合うのです。

テロを起こす犯人を捕まえて死刑にしても、なにも解決しません。

怒りと怨念が連鎖して、絶えることがないからです。世界は、ますます殺気立っていきます。どこに敵がいるのか、誰が敵なのかさえわからない状態になっていきます。

アメリカのブッシュ元大統領が高々と「テロとの戦い」を宣言してから、テロが量産されました。相手を敵視し戦うかぎり、世界の平和は遠のくばかりです。この愚かな行為は、人類が気づくまで続くでしょう。

世界の首脳は、定期的に集まって世界の問題を論じあっていますが、解決をみたことはありません。正味一日あるかないかの会議で討議が深まるはずもないのですが、各国首脳は専用機をチャーターしてやってきます。そこにどれだけの税金が投入されたことでしょう。投じた税金に見合う成果が得られたでしょうか。

各国首脳が握手し、記念撮影し、料理に舌鼓をうっただけでは、世界の状況はけっして改善しません。そんなことを繰り返すうち、事態はどんどん悪化していくばかりです。

平和を守るためであろうが、自由を守るためであろうが、いったん戦争を始めたら、どちらの国の平和も自由も壊滅します。片方だけが戦争に勝って、無傷でいられるということはありえません。どちらの側も戦争被害に苦しみ、のた打ち回ることになります。それをイメージするのが、賢明な洞察力です。

ざっと世界の状況を眺めましたが、今や世界の平和を実現する力は、どこにも見当たりません。キリスト教の本山であるローマ法王も無力です。イスラム教は各宗派に分かれて争っている状況で、世界平和に貢献できる立場にありません。日本をはじめとした仏教も、世界を平和に導く力はありません。もはや、いかなる宗教も無力です。

各国の首脳も無力であり、宗教界もなんら力を発揮できないとすれば、人類が求めている平和は誰が実現するのでしょう。

必ず解決策はあるはずです。地球より進化した惑星に戦争はありません。地球人類も例外ではないはずです。地球より進化した惑星は存在しないと思っていないでしょうか。そのような考えこそ洗脳されたものであると知りましょう。洗脳する人々は、戦争を継続したい人々なのです。

今は混沌とした暗黒状態ですが、遅かれ早かれ、人類は真の平和を手に入れる時がきます。

今の世界情勢をみて、その可能性を信じる人は稀でしょうが……。

地上から戦争をなくす意味

平和主義者だから、人道主義者だから、戦争に反対するというわけではありません。地上から戦争をなくそうとすることは、深い意味の込められた行為なのです。

平和の実現は、宇宙の強烈な意志です。それを知ったのです。

戦争をなくすことは、人類の進化のために欠かせない重大事項であり、悲願ともいうべきものなのです。

今のまま戦争を続けているかぎり、これ以上の人類の進化はありません。

こんなことを言うと、「いや、まだまだ人類は進化していく、文明は更に発展し、コンピューターなどの人工知能や科学技術も想像を超える発展を続けるに違いない」と反論する方がいらっしゃるでしょう。

しかし、戦争を続けながら文明をいくら発展させたところで、最終的には核戦争による地球規模の破壊にいきついてしまいます。

国際協議を積み重ねようが、核のバランスを保とうが、今のような人類の考え方、生き方を続けるかぎり、いずれは戦争という最終手段に陥るのは避けられません。人類の理性では統御できないことなのです。

最高度に発達した文明が跡形もなく破壊しつくされるということが、この地上で過去に何度か起きた例があり、その痕跡も見つかっています。

海底深く没しているレムリア大陸、アトランティス大陸やムー大陸がそうで、かつてこれらは現代以上に栄えた文明でした。

では、戦争をなくすためにおこなわなければならない具体的な一歩とはなんでしょうか。それは武器を捨てることです。人類にそれができるでしょうか。

アメリカは銃社会で、個人の銃所有が認められています。歴代の大統領が何度も「銃規制」を提案していますが、いまだに規制は実現していません。

アメリカには、自分の命は自分で守らなければならないという思いがあり、その結果として、銃が野放しになっているのです。

幕末のころ、日本の侍が腰に刀を下げている姿を嘲笑した西洋人ですが、アメリカの実態はそのころ以下といえるでしょう。この、銃を手放せないというアメリカ人の気持ちと、戦争を卒業できない人類の思いは共通したものです。究極的には、自分や家族の命をどのように守るかという問題なのです。

このときの「命を守る」という言葉は、どこまでも肉体の命を意味しています。肉体の命を守ることが、地球を平和にすることよりも重要だと考えているわけです。「国家として武装しなければ、相手国が攻めてきたら殺される」というイメージから脱することができないのです。

戦争で生じる多くの犠牲者にまで想像力が働かないでいます。

今は、戦争に核兵器が使われる時代です。核兵器で先制攻撃しても、反撃に使われれば、双方共に無事ではすまないでしょう。先制攻撃すれば生き残れるという考えは愚かで甘い考えと言わざるをえません。

営々と築き上げてきた文明をあっという間に消滅させてしまう、愚かにも人類はそんな状態を維持したままでいます。「わかっていても止められない」のでしょう。

戦争には、その国の支配者のプライドと同時に、利害、損得に関する思惑も働きます。こうした損得計算もまた、肉体のレベルから発しています。目に見える世界、三次元世界だけがすべてだと考えているかぎり、永遠に解決しない問題であるのは明確です。肉体の命だけに囚われているかぎり、人類は戦争を卒業できず、武器は捨てられないでしょう。

すべての存在は、肉体や物質だけではない。この「真理」を学ぶ必要があります。理屈や常識にもとづいた議論から脱却しなくてはなりません。

人間は、なんのためにどこから生まれてくるのか。死んで、どこへ行くのか。死の後は無なのか。宇宙はなぜ存在するのか。誰がなんの目的で宇宙万物を創造したのか。宇宙が創造された意図とは何なのか。

これらを解明しないかぎり、平和を実現することはできません。武器を捨てられず、愚かな争いに身を投じていくことになります。

人類は、文明を発展させては絶滅させるという「失敗」を重ねてきました。もう、同じ失敗を繰り返すわけにはいきません。武器を捨て、戦争を卒業するための、最後の「試練の峠」を越える必要があります。

そのためのヒントは二つ。

宇宙は三次元だけでできているものではないということ。そして、この宇宙に偶然はないということです。

2 知られざる宇宙の真実

宇宙は波動でできている

私たちが住んでいるこの世界が三次元の世界であることは、誰もが知っているでしょう。しかし、この宇宙は、すべてが三次元でできているわけではありません。四次元、五次元と続く高次元があり、全体では八十次元くらいまであるのではないかといわれています。宇宙は多次元世界でできているのです。

三次元世界には肉体や物質が存在し、それらこそが実在する確かなものと考えられていますが、ミクロの世界をみると、物質がすべて波動で成り立っていることがわかります。

物質を構成している因子を大きいものから羅列すると、細胞、分子、原子、原子核、陽子、中性子、クオーク類、電子、時間子、光子、意識子、重力子、根源意識となるそうです。

このうち、大きいものは小さいものに影響を与えられないという法則があります。逆に、小さいものは大きいものに影響を与えられます。つまり、すべての因子に影響を与えられるものは根源意識なのです。

根源意識とは創造の源であり、創造主の意識ともいえます。創造主を根源神と呼んでもいいでしょう。

創造主や神という単語から、なにかの宗教かと早合点しないでください。この宇宙をつくりだした創造者がいて、その意志によって世界が創造されているということをあらわしているにすぎません。

そして、その世界は多次元の構造をしています。多次元の世界は、肉眼では見ることができません。こうした肉眼で確認できない世界を、いままでは宗教やオカルトが支配してきたのですが、本来、宇宙の真理の探究と宗教は無関係です。むしろ、宗教が人類を宇宙の真理から遠ざけてきたともいえるのです。

人類が平和を手に入れるためには、宇宙創造の根源意識である創造主を深く洞察する必要があるのに、宗教はそれを神としてまつりあげ、目くらましの教義で、深く考えることを放棄させてきたのです。

金やダイヤモンドのように、密度が大きく、中身がぎっしり詰まっているように見える物体も、ミクロの世界を見れば、それを構成するものは原子や電子であり、隙間だらけなのです。原子核のまわりを電子が回っています。電子はたえず回転しており、一定の法則の下に、まるで生き物のごとく動いています。物体は、目で見たままの静止した動かぬ存在ではありません。その動きが肉眼で見えないだけなのです。

つまり、すべての物体はこうした原子などの動き、いわゆる波動から成り立っているといえるでしょう。物体の基礎は根源意識であり、物質は波動なのですが、肉眼では動かぬ固定した物体としてしか見えないだけなのです。

そして、意識子は、より大きい原子や電子に影響を与えられるということを思い出してください。これは、言い換えれば、すべての物質は意識からつくり出せるということです。「想念はものをつくる」という言葉を聞いたことはないでしょうか。自分が思ったことが現実になるというのは、このことを意味しています。

昔は、憎い相手を藁人形に仕立てて、釘を突き刺して呪う祈祷がありました。相手に呪いの波動が届けば、現実に相手を殺すこともあったでしょう。想念の力は侮れません。念力が、物質界を動かすのです。

このことを人類の平和にあてはめたならどうでしょう。世界が平和になるためには、「平和にしたい」という意識が働かなければならないとわかるでしょう。人々の意識を平和の実現に向ければ、世界は平和になります。観念的な話ではなく、科学的な話です。

「そんなことあるはずがない。みんなが平和を望んでいても平和にならないのが現実じゃないか」という方もおられるでしょう。

はたして「みんなが平和を願っている」という「みんな」とは、どれだけの数でしょうか。「願っている」程度は、どれくらいでしょうか。

思いの力、念の力は、その強さと大きさに比例して現実化します。世界に平和が現実化するレベルには、想念が至っていないのです。

世界の平和よりも、少しでもお金を稼いで優雅な暮らしをしたいという思いが強すぎるのです。

このように言うと、「平和や自由を守るために戦おう」という人々が現れたりしますが、そうした発想では地球の流れを変えられません。「戦う」意識を卒業しなければ、「平和」は実現しないのです。

宇宙から見た地球

「水の惑星」地球は、六十兆個あるといわれる宇宙の星々のなかで、どのような位置にあるのでしょうか。

望遠鏡で見える星々は、すべてが三次元の世界にあるわけではないようです。四次元、五次元、六次元、さらに上位の次元に存在している星もあります。

最高に進化した星をカテゴリー九とすれば、地球はカテゴリー一に分類されます。カテゴリー九の惑星は、宇宙全体を見ても三つしかないそうです。

宇宙全体では遅れている部類に入る地球ですが、地球は並の惑星ではありません。宇宙的に期待されている星なのです。

これ以上文明の破壊を繰り返すことは許されません。地球は宇宙に貢献する役割を担っているのです。

世界の人々は、地球上の各地に住み、民族単位で国家を営み、国家単位で行動しています。視野が地球に限られていました。しかし、航空機やロケットなど科学技術の発達により、人類は地球の外側から地球を眺める視点を手に入れました。

大気圏外から地球を眺める経験をした宇宙飛行士の言葉を見ても、この視点を手に入れることが、人間の意識に大きな影響を与えるとわかります。地球を外から客観的に眺める経験をすると、地上で争う愚かさに気づいてしまうのです。

ここに、地球を平和にするヒントが隠されています。

「視野を大きく持つ」ことがそれです。地球規模で考えず、もっと大きな、宇宙規模で考えるのです。

現在より視野の狭かった明治維新までの日本を考えてみてください。日本を藩単位に分け、国の問題を考えようとしても、藩という狭い範囲でしか物事を考えられませんでした。現在は誰もが日本という単位で問題を考えられます。大きな意識の変化が百五十年ほどの間に起こったのです。

意識を広げ、地球単位、宇宙単位まで考えられるようになれば、国家間の戦争はなくなります。

今、外宇宙から地球を攻撃されたら、と考えてみてください。実際はありえない話ですが、他の星から地球が攻撃されるような事態が起きた時、今までのように、地球人同士で争っていられるでしょうか。地上の戦争を中断して、地球単位でまとまって脅威に対応しようとするのではないでしょうか。

映画で描かれるような、外宇宙から地球が攻撃される心配は今のところありません。文明の進化を果たせば、精神も大きく進化を遂げるからです。他の星は地球よりも進化しているため、地球相手に争おうとしないのです。進化した惑星人が地球を見守ることはあっても、攻撃する対象ではないのです。

しかし、宇宙戦争がなくても、世界がひとつになることはできるはずです。より大きな規模の視点を持つこともできるはずです。

地球温暖化や寒冷化など、地球規模の問題を他人事のように思ってはいませんか。地下核実験や水爆実験のような問題も、地球全体に悪影響を与えています。自国さえ、自分さえ安全ならばいいという考えは浅はかです。

人類は、地球という同じ船に乗っています。船という限られたスペースのなかで、船に爆薬を仕掛け、その性能を実験していると考えてください。実験が船に甚大な影響を与えるのは明らかです。行き過ぎれば沈没の憂き目にあうでしょう。これが、文明を発達させ、十分な科学知識を持っていると自負している人々の愚かな実態です。

太陽系外の惑星との邂逅

宇宙と聞いてすぐに連想するのは、外洋や山岳で見られる満天の星空でしょうか。プラネタリウムで見るような、宝石を散りばめたような星々のなかに、人類のような高等生物が存在するか、考えてみたことはあるでしょうか。

太陽系では、人類のような文明を持つ星は地球のみで、その他の宇宙を含めても他に一つあるかどうかである、などと本気で語る知識人も多いようです。無知とは恐ろしいものです。

もちろんこれは、常識として洗脳されている結果でもあるのですが、人々が、「もし地球人類より進化した星があるなら、必ずその証拠があるはずだ」と考えるからでもあります。もしそうした星が地球以外にあるなら、なんらかの通信でコンタクトを取ってくるはずだとか、空飛ぶ円盤があるなら地上に降り立って、堂々と姿を見せるはずだと、かたく信じているのです。それがないかぎり、この宇宙で進化した惑星は地球のみだと思い込んでいます。

実際には、銀河系で高度に進化した人類が住んでいる惑星は、およそ二千億個あるといわれています。さらに、宇宙には銀河系のような系が他にも無数にあります。それらを合わせたすべてが「宇宙」ですが、この「宇宙」もまた、いくつか存在しています。他の宇宙からこの宇宙へ飛来する技術は、高度な惑星では現実化しているようですが、そこまでの進化を遂げていても宇宙には謎の部分が多く、底知れぬ深さがあり、簡単に行き来できるものではないようです。

地球人のあいだでも肌の色や姿形が違うように、宇宙にもまた、いろいろなタイプの高等生物が住んでいます。爬虫類に似た顔をしたものや、グレイタイプの身長が一メートルほどしかない、小さいものもいます。高度な文明を手に入れた彼らは、地球人には想像もできない文明を築き上げています。

光速の何倍もの速度で飛行できる宇宙船も持っていますし、地球まで飛行するのは簡単ですから、実際にはさまざまな惑星から多様な形の宇宙船が飛来してきています。ですが、それらすべては隠ぺいされたり、自然現象の見間違いとして処理されているのが現状です。

地球人も、すでに何人かが太陽系外の惑星を訪れています。

なかでも、オーストラリア在住のフランス人、ミシェル・デマルケ氏は有名です。日本人にもそうした経験を持つ人は数人おり、手記にして発表されたりしていますが、真実を知ろうとしない人々には、そもそもそうした物語を受け入れる余地がなく、ただのでっちあげだとか、創作だと考えてしまいます。

十六歳のときにプレアデス星へ案内された上平剛史氏も体験記を発表していますし、奇跡の無農薬リンゴの栽培に成功した木村秋則さんも、宇宙船に乗せられたことを告白しています。ですが、そうした話を聞いても、受け入れられずにいるのではありませんか。

それとも、「そんなに高度に進化した異星人がいるというなら、彼らが堂々と地上に降り立たないのはなぜか？」と、お思いでしょうか。

では、もし未知の存在が地球人類の前に姿をあらわしたとして、戦争を卒業できない今の人類は、とっさになにを考えるでしょう。彼らを捕獲して、高度に発達した科学技術を強奪し、自国の戦争を優位づける技術に取り込もうとするのではありませんか。

彼らは、そのような人間の波動を読み取ることができるので、安全でない場合はけっして姿をあらわしません。宇宙船を丸ごと電磁波でシールドして姿を消すこともでき、空中に浮かんでいても、人間には見えないのです。

さて、これまで述べてきた宇宙は、三次元世界に属する宇宙です。三次元にかぎって述べてさえ、その深遠さがうかがえますが、宇宙の大きさ、深さはこれだけにとどまりません。四次元以降の死後の世界、五次元以降の神の世界なども、宇宙のなかに含まれているのです。

死後の世界や神の世界などは存在しないと思っているでしょうか。それはただ、この世で学んだ学問が障害になって、死後の世界や神の世界を証明、実証できないばかりに、それらは存在しないと言い切っているにすぎません。人類の学問のレベルを高いものと信じ過ぎているのです。

宗教体験から神の存在を確信している人もいますが、そうした場合、宗教を信じない人にはわかりようがありません。人類は歴史上、神を宗教と絡めて認識してきましたが、神の実在、神の世界の存在と宗教は、まったく関係ないものです。宗教は人間が創作したものであり、神を利用したものともいえます。

宇宙の仕組みは人間が創造できるものではありません。その神秘と仕組みを解明し、追求していくのが人類の進化です。何事も先入観をもって否定するのは、進化の妨げになるだけです。宇宙の深遠な神秘を解明して、創造主に近づき、進化していくことに大きな歓喜があります。その喜びを知れば、戦争によって醸《かも》し出される利益の喜びなど、馬鹿馬鹿しく感じられるようになるでしょう。

私たちが生きている現実は、時間が経過してすぐに過去になっていきます。しかし、過ぎ去ったものはただ消えていくのではありません。アカシックレコードとして残っています。宇宙に記録として残っているだけでなく、過去の情景もそのまま再現できるのです。タイムトラベルが可能だということです。

進化した異星人は、この技術を駆使して、過去に戻って探索したり、過去を再体験したりしています。前世の自分に会うこともできますし、二千年前に戻ってイエス・キリストの活動を見ることもできるのです。

また、過去ばかりではなく、未来へ行くこともできます。

アメリカ人のダリル・アンカの未来世がバシャールだという話を聞かれた方もいるでしょう。バシャールは、三千年先の未来の姿を過去世の自分であるダリル・アンカに伝えています。過ぎ去った過去はうやむやになって、誰にも「ばれない」と考えるのは無知なことです。過去は永久に残っています。人間は時間から逃れられないのです。

すべては必然であり、偶然はない

宇宙に偶然はありません。これも重大な法則のひとつです。

宇宙のすべては必然であり、因果の法、カルマの法によって動かされています。ただし、動かせない運命が「必然」として決まっているわけではありません。宿命は変えられなくても、運命はいくらでも変えることができます。

運命を切り開いていくプロセスこそが、進化のプロセスでもあるのです。

宇宙ではどんな失敗も学びの場になります。

人間は、生まれてから死ぬまでの時間を重要視しますが、宇宙での学びには、限られた時間というものは存在しません。永遠の時間を与えられているのです。生命が終わるのは終点ではなく、新しいはじまりでもあるのですが、人間にはそこがなかなか理解できないところです。


宇宙の万物は回転しています。

ミクロの世界からマクロの銀河まで同じです。ミクロの世界では原子核のまわりを電子が回転し、マクロの世界では、惑星が恒星のまわりを回転し、衛星は惑星のまわりを回転しています。恒星もまた、銀河の中心を長時間かけて回転しています。

これと同じように、人間の生命も回転しています。「輪廻転生《りんねてんしょう》」を経て、進化の方向へと向かっているのです。

過去、現在、未来は、同時に存在しています。時間は一直線に流れていくのではなく、図として示すなら、円形になっているのです。未来と過去は現在とつながり、大きな円を描いています。この円の上を人間は回転しながら進化しています。同じ軌道ではなく、スパイラル状に動いています。

今はほとんどの現象が「偶然」ですまされています。私たちがここに存在しているのも偶然なら、日本人であることも偶然。両親の下に生まれてきたのも偶然、災害や災難に遭遇するのも偶然、人生が上手くいっているのも偶然、やることなすことうまくいかないのも偶然。健康でいられるのも、病気になるのも偶然。宇宙を意識するようになったのも偶然……こうしてすべてが偶然だと考えていくなら、考えを追求することはできません。「偶然だから」で、思考が停止してしまうからです。

起こった現象には意味があります。自分に悪いことが起きた、良いことがおきた、すべて理由があります。その意味を正しく把握してこそ、見えざる世界の意義を知ることができるのです。

文明が進むほど、人間の知識は増えていくのに、魂の記憶を思い出す力である「直観力」は、衰えていくようです。

現在より文明レベルの劣っていた時代には、本能的に宇宙に存在する意思を知り、それを神と表現していました。迷信を信じたり、誤ったとらえかたをしていた部分もありますが、神を見失った現代人よりもその部分では進んでいたかもしれません。

神という言葉がこれからも出てきますが、これは創造主を指しており、特定の宗教上の神を示すものではないとお考えください。

大自然の恩恵

自然は、地球全体の共有物です。空気も水も、人類全体で享受していくべきものです。太陽の恩恵もそうです。太陽は熱と光を、無料で人類に供給し続けています。これら大自然が休止したら、人類は生きていけません。植物も動物も死滅するのは間違いありません。

何でも、当たり前に与えられるものだと思って、これら大自然に感謝する心を忘れていないでしょうか。

太陽の下で敵を殺すために、武器を持って出かける人は、太陽にどう挨拶するのでしょう。太陽は地球を照らし続け、善人、悪人、敵、味方分け隔てなくその恩恵を与え続けています。太陽に感謝する心があれば、太陽の下で人殺しなどできないでしょう。

日本人は、古代からすべての自然には神が宿ると考えてきました。

山の神、森の神、川の神、海の神、水の神、火の神、土地の神など、あらゆる自然には、神が宿ると考えたのです。それらを八百万之神《ヤオヨロズノカミ》として崇めてきました。

こうした考えは、科学が発達していない時代の考えであって、現実はそうではないと考えている人が多いかもしれません。なにしろ、神の実在を証明できないからです。しかし、神の存在を確信する時は近づいています。神を知る人も増えつつあります。長い時間をかけて忘れ去られてしまった真実を思い出す時が近づいています。

太陽にも月にも星々にも、地球にも神の意識が宿っていると、これから多くの人々が再認識していくようになるでしょう。

万物の成り立ち

自然とは、漠然と海や山、川などを指すと思っていないでしょうか。山林、雑草などの植物や野生の動物、鳥、昆虫など、人間が一切手をつけない環境で成長し、繁殖していく姿を、「自然の状態」だと考えていませんか。放置していても、勝手に成長していくもの、いつもあるもの、それが「自然」でしょうか。

なぜ自分と自然とを切り離して考えるのでしょう。自分には関係のないものだと思うのはなぜでしょうか。

そのように考えているかぎり、自然に対して感謝する心は持てないままです。

自然とは、宇宙そのものをあらわしています。動物、植物、鉱物、ありとあらゆるものを含んだ世界のことです。宇宙を創造した存在を創造主と呼ぶなら、宇宙は創造主と同じと考えて差し支えありません。つまり、大自然も宇宙であり、創造主であるといえます。自然の「自」は、創造の源である創造主をあらわしているのです。

創造主のことをイエスは、「天なる父」とも「主」とも呼びました。ユダヤ教ではヤーヴェ（エホバ）、イスラム教ではアラー、日本には天祖という呼び方もあります。

呼び方や名前がどうであれ、宇宙の規律、法則は、創造主によってつくられたものです。唯一のものから生まれたからこそ、再び一つになれるのです。

地球は、約一年をかけて太陽を一周します。月は、約二十八日かけて地球を一周します。地球は、約二十四時間で一回転します。規則正しいこれらの動きは、偶然の現象ではありません。創造主が設けた「宇宙の法則」に従っている結果なのです。星の運行だけではありません。人間や動物や植物も、すべて補い合い連鎖しています。しかし、宇宙に広がる星々や地球の万物すべてを創造主が一つひとつつくったというのではありません。

創造主は、宇宙の星々や生物を創造するにあたっての「法則」「規律」「規範」をつくったのです。これを「宇宙の法則」といいます。この法則に従うかたちで、宇宙が広がっていったのです。

さらに、創造主は概念の存在ではなく、人間に向けて言葉を発することもできる存在です。このような重大な事実を、ほとんどの人々は知りません。

この宇宙を創造された方がいて、人間に言葉を伝えられるなど、にわかには信じられないのも当然です。信じる、信じないはともかくとして、まずは知ろうとしてほしいのです。


原初には空間が存在し、そこに波動がありました。その波動から創造主が姿をあらわし、自分の姿を分身して、奥方が出現したのです。この二人の間にお子が生まれていきました。十二名のお子たちは、それぞれ創造を分担した創造神です。そのお子たちからさらに子供が生まれ、すべてが生まれたのです。

万物は、「霊・力・体」の配合でできています。

「力」とはエネルギーをあらわしますが、鉱物などは「体」の配分が大きく、「霊」の部分への配分が少ないのです。動物は鉱物より「霊」への配分が大きく、さらに人間は動物より「霊」への配分が大きくなっています。動物に比べて人間は、より霊的なのです。

このように、あらゆるものが法則に基づいて「自然」にできていったのです。

人間である私たちは、自己のことを「自分」と言います。

これは、「自」である創造主から「分」かれた者という意味です。人間は、創造主が粘土細工のようにつくったものではありません。人間は創造主から分かれたものなのです。

といっても、創造主から遺伝子を与えられて、肉体を持ったという意味ではありません。創造主が分け与えたものは、肉体でなく魂です。魂のなかに創造主の与えられた光の一滴が宿っているのです。

だからこそ、イエスはその存在を父と呼びました。人類すべての父です。魂の父なのです。

人類は同じ父を持つ兄弟なのです。

宇宙の法則

宇宙には「宇宙の法則」が働いていると述べました。

宇宙とは、肉眼で見える世界だけではなく、神の世界を含めた多次元世界まで含まれることも述べました。これらすべての世界を支配しているものが「宇宙の法則」です。

大自然も、動植物も人間も、この法則から逃れることはできません。神の世界も同様です。

この法則を知り、それに基づいて生きるならば、それ以外のことを考える必要はないともいえます。思うまま、自由自在に生きることができるでしょう。しかし、残念ながら、そのような法則が宇宙を支配していることを知る人は多くありません。

「宇宙の法則」は、憲法のように文書にされているわけではありません。この法則を伝授する人が存在しているわけでもありません。学びながら知っていくものです。経験を積み重ね、学ぶことで得られるのです。

たとえば、この世で悪事を重ねながら優雅な人生を終える人がいたとします。かたや、善良に生きていても、不幸に見舞われて苦しい人生を過ごす人もいます。この現象を見てどう思うでしょうか。この世は神も仏も存在しない理不尽な世界だと嘆息するでしょうか。

しかし、これは今回の人生だけを見ているから真実がわからないだけなのです。人間の本体である霊や魂は無限に生き続けます。その魂に対して「宇宙の法則」は働いています。

前世で間違いがあれば、今世でそれを修正することになります。これは「カルマの法則」「因果の法則」とも呼ばれるものです。人類はこの「カルマの法則」を体験と洞察により知ってきました。

法則はこれだけではありません。

万物は静止することなく、永遠に進化を続けます。これは「進化の法則」です。法則に逆行することは許されません。平和憲法を変えて戦争を容認する方向に舵を切るような、退化する道を選ぶなら、必ずその間違いを気づかせるための現象が起きてきます。

さらに、「段階の法則」があります。途上国と先進国を比べてみると、まるで人間としてのレベルが違うように見えるかもしれません。しかし、それは「段階」がまだ至っていないだけなのです。進化した異星人が堂々と地上に降り立たないのも、人類がその段階に達していないことを知っているからです。

このように、「段階」を上がるには、自らが気づく必要があります。誰かが手を貸して相手の「段階」を引き上げることはできません。

こうした法則は無数にあります。宇宙の万物が回転している、輪廻しているというのも法則です。法則は、物理学や化学などの分野にもおよび、科学者が日々研究しているのはそうした分野に隠されている法則です。

また、私たちが「生きる」という活動のなかで発見していくものも、たくさんあります。失敗することで、法則を知っていく場合もあるでしょう。個人的な体験を、宇宙に当てはまる法則として把握し、共有するのは、人類の財産なのですが、まだまだそのような動きは活発ではありません。

3 高次元世界に至る真理の道

悔い改める

キリスト教や仏教などでも、悔い改めるとか、懺悔するといった言葉が使われることがあります。この言葉を宗教上の言葉だと思い込んでいる人は多いかもしれません。

しかし、これは宗教に限ったものではありません。人生の途上で矛盾を感じたり苦難にあって生き方を見直す人が「悔い改めよ」という声に気づくのです。

生活を安定させたい、マイホームを持ちたい、そうした人生観のもとに運良く人生を順風満帆で乗り切れればよいものの、そうできる人ばかりではありません。安定した生活基盤を得ることが、人生のすべてだと思ってはいないでしょうか。人間はそんなことのために生まれてきたのではないはずです。

では、人間は、あなたは、何をするために生まれてきたのでしょうか。その問いに答えられない間に、人生を終える人がなんと多いことでしょうか。

「悔い改める」とは、「目覚める」ということです。「宇宙と自分は一体である」と知ることです。「宇宙即我」ともいいます。

我である私は、宇宙に存在するもののひとつですが、私が存在しなくなれば、宇宙の存在そのものに意味が無くなるのです。私という存在には、それほどの価値があるのです。

私の価値は、宇宙と同じなのです。

人間は創造主から分かれたものだということはすでに述べました。創造主と自分は一体であるという意識を持てた時、あなたは目覚め、創造主の意思を知ることになるでしょう。誰に教わらずとも、自分で感じることができるのです。

創造主の意思とは、すべてを愛したいという思いです。すべての存在が平和であってほしいという思いです。エゴで生きている間は、気づけない境地です。

人類の平和を実現するための根本がここにあります。

自分が存在している理由、それは創造主の意思を、創造主にかわって、実現するためです。言いかえれば、世界を平和にし、すべての人々が心安らぐ社会をつくることです。人類みんなで築きあげなくてはなりません。人間として生まれた意味がここにあります。明確な目的です。

しかし、人類はまだこの目的に気づいていていません。目に見える世界ばかりがすべてだと考えていいます。肉体がすべてだと思っています。ゆえに、人生は儚いものだととらえたのが日本人です。さらに、儚い人生であるなら、思いきりの贅沢や快楽を味わいたいと、個人主義を徹底させたのが欧米人でした。富を独占し、富を背景に権力を買収し、他人を従属させて自分たちの快楽を追求しても、本当の安らぎや幸せを得られずにいます。

だからこそ、目覚めよ、気づけ、悔い改めよ、と言うのです。宇宙を創造された方の存在を知り、創造主と自分は一体だと知ることです。

人類の大きな誤解は、肉眼で確認できないもの、証明できないものを「存在しないもの」とみなしていることです。

創造主の存在を証明できないから信じられないという人は、自分の存在の意義を理解できないままです。「死んだらすべてが消えて無くなる」という妄想を抱いて、さまよい続けることになるでしょう。真実は変えられません。

創造主からの「メッセージ」

創造主が今、どのように考えておられるのか、そのメッセージを「ひめみこ」という方が受け取りました。『アセンション時局』に掲載されたメッセージを引用します。

～主神よりメッセージ（1）～わたしは思う

いつ　なんどきも　常に　わたしに照準を合わせ
わたしに帰依しているならば
何事も　そこに　わたしのおもいがあると受けとめることができ
人の目口に囚われることなく
ひたすらに　わたしの願いである　地上天国に向けての歩みがゆるされるであろう

世の中に巣くっている問題も　確かに山積みであろう
しかしながら　今　なにより大切なのは
おのれが　わたしの元に立ち返れているかの確認である
われよしの心が　頭をもたげ
目の前におかれたこと　あらわれたことを　理由づけしたり　言い訳したり。はたまた　そ

こに立ち止まり　考えあぐんだりしてはおるまいか
即座に〝これも　主の大神さまがなされたことですね〟と
わたしが言うのも　なんだが
わたしが　故あって　たとえ　思えなくとも
そなた達の目の前にあらわしたのだと
そのような思いで　対処してはくれまいか
おのれのなかにあり　おのれ自身では気づけぬ故に
目の前の人を使ってあらわし
〝気づいてくれよ！〟とのおもいを込めておる
それは　おのれにとって都合の悪いこと　受け入れられないこと
人に知られたくないこと　おのれのなかの夜叉のあらわれ
さまざま　あろう

わたしの愛する　いとおしい　みたま達よ
わたしにつながり　わたしをおもうことが
すでに天国に立ち返っていることになるのだよ

わたしは常に　そなた達の中心におる。よいな

～主神よりメッセージ（２）～

数えきれぬほどの　分霊を　わたしは　生み育てて参った
その誰一人として　わたしは　忘れない
皆　わたしの　てのひらに在り　わたしと共に在る
わたしの息と共に在る

地上に降りた　そなた達は
創り主であり　日々の導き親であるわたしに気づけないだけだ
目に見えないものを信じる心を失くし
唯物の鏡に映るもののみを信仰し
今のような生き方を身につけた

そろそろ　それらすべてを　わたしに返し
新たな旅立ちをはじめる時が参った

わたしのおもいは　すでに十分伝えたと思うが
いまだに　目覚めぬ者の多きことよ
今　わたしに立ち返らねば　最大のチャンスを逃すことになる
すぐに　はじめよ！
目にしたこと　耳にしたこと　日々のおもい　その他さまざま
わたしのおもいが流れて　すべてが起こっていると受けとめ
感謝の心を育み　わたしに話しかけることだ
中心は　あくまで　わたしである
わたしをないがしろにしてはならぬ
そなた達のなかで起こったことは　わたしが起こしたのである
分霊としての存在を　ひだのひだの奥底まで叩き込むことだ
心の中心にある　わたしの分霊が表にあらわれ
神性人間になることだ

神性人間の集まるところ　すなわち　地上天国という
わたしのおもいが共通し拡大することである

〔お伺い：ひめみこ〕
〝わたしのおもいが共通し拡大することである〟とのお言葉をお示しくださいましたが、〝わたしのおもい〟とはどのようなおもいでしょうか。

わたしは　常に　いかにしたら　そなた達が幸せになるか　ということを思っておる。おのれのことはわたしにあずけ　人のよかれを願う心を身につけるがよい

そなた達は　無数の先祖の総合体である
おのれのおもいのみではなく　先祖のおもいが集まってくる
〝神なし〟の生き方を余儀なくされた分霊が無数におろう
人を恨みながら　病に苦しみもだえながら　責め　とがめにさいなまれながら　命を落とした分霊もおろう

故に　おのれのなかにそうした思いが湧いてくることも多々あろう
そのすべての思いを　わたしに　つなぐのだ
すでに魂《たま》の世界は　光に満ち溢れ
光がさんさんと輝く世界になっておる

光に照らし出され　光の世界にそぐわない部分が
今や　現界に映し出され　あらわれておる
あらわれたことを　わたしにつなぐことでゆるされたとみなされる
人間に返していたならば　いつまでも　どこまでも　どうどう巡り
解決の道はなく　滅びの道が口を開ける
太陽が照れば　暗闇にも光が差し込み　微《かす》かなところも見えるようになる

先のメッセージで申した通り
あらわれたおもいを　わたしにつなぎ　感謝の心を培い
その感謝を　利他の心として　まわりに流してゆくのだ
よいな

以上が、「ひめみこ」と名乗る方の受け取った、創造主からのメッセージです。あなたはこのメッセージをどのように受け止めましたか。

創造主の言葉を伝えられるのは、この方だけではありません。創造主は、さまざまな人間の質問に、段階の法則の範囲内で答えてくださいます。

こうしたことは、にわかには信じられないでしょう。でも、無理に信じる必要はありません。いつか、時が来れば、自然に理解されてくるものだからです。

人々は、目に見えない世界を認めません。宇宙創造の神の存在も知らず、それを感じることもできません。たとえ信じられなくても、事実を知ってほしいのです。知らなければ、考えを改めることもできないからです。

創造主は、人間に向かって細々《こまごま》と指示されることはありませんが、こうしたメッセージを通じて示唆を与えられることがあるのです。それらを整理すると、おおむね次のような内容になります。

・まず、生きざまを変えよ

・何事も急ぐな、慌てるな
・みんなが幸せであるように

この三つに絞られますが、さらに付け加えるとするならば、

・何事も鵜呑みにするな
・信じる前に知るように努めよ
・命が躍動するように生きよ

というものになります。


人類は三次元のこの世がすべてだと錯覚しているため、自分の肉体の快楽を求めて生きていいます。その刹那的な生き方が間違いであることを「生きざまを変えよ」という端的な言葉で伝えられています。

「何事も急ぐな」というのも同じです。

人間は、時間は有限のものだと考えています。これも、短い人生が尺度になっており、自分

には限られた時間しか残されていないと思いこんでいます。無意識に心が時間に追われているのです。

日本の若者に「いま、もっとも欲しいものはなにか？」とたずねたアンケートがありました。第一位は時間、第二位はお金という結果です。

欲しいものを次から次へと求めれば、お金も足りず、時間も足りないでしょう。消費に翻弄される生活を端的にあらわした結果になっています。時間に追われ、お金に追われて、いつまでも心はくつろげないままです。

急ぐ心は、競争する心にも通じます。競争の終着点は戦争です。我先にと思う心は、神の心にかなうものではありません。

時間は無限に与えられているといえども、だからといって無為にこの人生を使いきってしまうのも、正しいとはいえません。今回の人生を有効に、意味あることに使わなければなりません。自分の欲望に翻弄されて、時間を浪費するのは、進化とは逆の行動になるでしょう。

前述した神のメッセージのなかで、「自分のことは創造主に任せよ」と伝えられていました。そのうえで、「感謝と利他の心でみんなの幸せを実現するように」とのことでした。「みんなが幸せであるように」とは、すべてのものの平和を意味しています。人間だけでなく、動物も植物も平和でなければなりません。

人間は、どうしてもまず自分のことを考えます。

自分の肉体を維持していくためには、他人のことを考えていられないのです。これが高じると、弱肉強食、独占欲に火がつき、奪い合い、闘争、戦争へとつながっていきます。

ですが、本当は、「自分のことは創造主に任せよ」という言葉のとおり、自分中心の行動を取らなくても、みんなが生きられるように宇宙はつくられているのです。資源も充分にあり、早い者勝ちでないと生き残れないような世界ではありません。

しかし、その真理が人間には理解できないでいます。物質は、いつか必ず無くなるものだと思っているからです。限られた物質を自分のものにするために、我先にという自分中心の結論になってしまうのです。だからこそ先を急ぎ、先を争います。急ぐ心は神の心ではありません。

本来は、みんなの幸せが実現しないかぎり、自分の本当の幸せは実現しないのですが、そのことに気づくのは難しいことのようです。

災害時に、物資が運ばれてきたとします。空腹や寒さに耐えていた人々は、我先にそれらを奪い合うでしょう。そんなとき、自分のことを優先せずにいれば、自分の分は奪われてしまい、残っていないこともありえます。そうした経験をすればなおさら、どうしても自分の取り分を得ようとしてしまうでしょう。ならば、まず自分の分を確保し、それからまわりの人と分かちあうのです。これなら、自分の視野を広くすることで実現できます。

「何事も鵜呑みにするな」という言葉もありました。神の言葉だ、見えない世界からの真実だ、などと言えば、頭から信じてしまいたくなることもあるでしょう。ですが、自分で考えもせずにただ信じるのは危険です。宇宙の神秘は、簡単に伝えられることではありません。また、真理への道はいくつもあり、たった一つのことのみが真実、真理であるというのも誤りです。

登山を例に考えてみましょう。みな山の頂上を目指し、辿り着こうと努力します。登頂ルートはそれぞれ何本もあります。頂上は一つですが、そこへ至る道は何本もある……。このすべてが真理の道です。それを、自分の知る道だけが正しいと主張するのは傲慢で滑稽なことです。自分の信じる宗教こそが正しいと信じて、いまだに争っているのは、自分の知らない登頂ルートがあることを認められず、駄々をこねているようなものです。頂上には、創造主がおられ、宇宙の真理が輝いています。

「信じる」ことに価値を見出した時代は終わりました。今は真実を「知る」ことに価値がある時代です。

創造主の存在や宇宙の法則の存在も同じです。「信じる前に知るように努めよ」……まずは知らなければなりません。知らないままむやみに信じても真理を得ることはできないでしょう。

では、「命が躍動するように生きよ」というメッセージは、どういう意味でしょうか。

修行者のように、カルマの清算や修業のために、坂道を登るようにして苦しみながら生きるのは、本来のあり方ではないということです。

嬉しくて、楽しくて、嬉々として命が躍動するように生きてほしいと望まれています。とはいっても、現状の社会では難しいことです。どれだけ肉体が快感を味わっても、命が躍動する状態だとはいえません。肉体が恍惚状態になった時に一瞬の歓喜を得ても、すぐ心は虚しくなるばかりです。

命の躍動とはつまり、魂の躍動です。魂と創造主はつながっていますから、魂が喜ぶ時とは、創造主が喜ばれる時ともいえます。そうした言動や行動が取れたとき、命が躍動する実感を得られるでしょう。

魂の存在がわからなければ、得られないものなのです。

現代人が求め、得ているのは、刹那的な肉体の快感です。それが喜びだと思い込んでいます。大金を手にしたとき「わー、やった！」と喜んでいるのは、間違いなく肉体なのです。これで働かなくてもすむ。これで贅沢ができる。これで欲しいものが買える。肉体の快感は得られるでしょう。ですが、それは魂のレベルでの喜びとは違います。我欲を満たすだけでは、命が躍動しないのです。

利他の心、みんなと分かちあう心、みんなの幸せにつながる行動でなければ、魂は躍動しません。この、一見かんたんに思える言葉「命が躍動するように生きよ」こそが、現代の人間にとって、もっとも難しい生き方なのです。

見えざる世界の情報

この宇宙は多次元でできています。四次元以降の世界は存在していますが、残念ながら肉眼では見えません。そうした「見えない世界」について、特殊能力を持った人が霊視したり、存在を伝えたりすることがあります。しかし、結局のところ、神を自分の目で確認できませんから、現代人は神の実在を知ったり、信じることができないでいるのです。

神の存在を実証しようとしても、なかなか叶いません。正直に告白すると、筆者も長いあいだ、神の実在を知りませんでした。手探りの状況のなかで、神と直接交信できる複数の方々を知ったのは幸運でした。

最初は半信半疑だったのですが、不思議な体験をくりかえし、確信に近づいていきました。

宇宙創造に、漠然とした意志があるとは感じていましたが、その意志を持つ存在が創造主であり、人間と具体的に言葉を交わせるとは、驚くべき事実でした。

筆者が、経験から神の実在を確信したとはいえ、直接体験したことのない読者の皆様に対して、同じように神の存在を認め、信じろというのは難しいことでしょう。体験をそのまま伝えても、読者の心を動かすだけの力があるとは思えません。現実に体験するまでわからないこともあるでしょう。しかし、どうか、知ろうとされますように。地球人類の平和の問題は、創造主の存在を理解しないかぎり解決しないのです。

仏陀が悟られた「宇宙即我」の境地を思い出してください。宇宙とは創造主であり、創造主とは宇宙であり、宇宙とは私たち人間です。私たちは宇宙を本気で理解し、小さい地球上で殺しあい、戦争する愚かさに気づくことです。

心を浄化して、自分の魂とつながった人は、自ら神を体験します。そういう方には、もはや理屈や説明は不要です。しかし、そういう方はごく少数です。

神の世界を伝える霊能者にもさまざまなレベルの人が存在します。そこに落とし穴がありま す。蛇や狸や狐の霊でも、隠しごとを言い当てる程度はでき、神に成りすます場合もあります。それに驚いて妄信してしまうと、多くの人々を間違った方向へ導きかねません。

地球は終わりの時を迎えようとしている、といわれます。

地球に終わりの時などないと信じている人もいるでしょう。しかし、地球の歴史では、過去に六回も文明を破壊してゼロから出直したことがあるのです。

今、七回目の破壊が近づいているといわれます。この破壊は、過去と同じようなレベルでは終わりません。そのために、神の世界からさまざまな形で知らせが来ています。創造主までが言葉を発して、最後の救いをされようとしています。

こうした「神からもたらされる情報」は、明治二十五年、出口なお氏が自動書記で書いた『お筆先』や、出口王仁三郎氏の『大本心諭』、昭和十九年から始まった、岡本天明氏の自動書記による『日月神示』などが有名です。

『日月神示』は、言葉は一切使われず、すべてが記号であらわされています。書いた本人である岡本天明氏も読めず、関係者で時間をかけて解読したものです。当初は低級霊のいたずらかと思ったそうですが、解読を進めるうちに、内容の凄《すご》さに驚かされたといいます。これを書かせた神のお名前は、国常立太神《くにとこたちのおおかみ》だと、今ではわかっています。国常立太神とは地球人類の守り神で、これから大きな働きをされる神です。

国常立太神は、古代から長いあいだ、丑寅《うしとら》方向に封印されていました。丑寅方向とは、東北を意味します。ちなみに、地球単位での丑寅とは、日本列島を指します。日本では東北方向を鬼門として恐れてきました。豆まきの際、「鬼は外、福は内」と掛け声をする、この鬼とは、国常立太神を意味しています。

人類の守り神を封印し、悪神として日本人に信じ込ませてきたものが、いよいよ明治になって封印を解かれ、本来の姿に戻られたのです。

これまでは、直接神が言葉を伝えることはなく、自動書記という形で記号や暗号をもって伝えられていました。しかし、最近はとくに、過去に封印されていた国常立太神や素戔嗚大神のメッセージを伝える人が増え、さらに、直接、誰にでもわかるような言葉で伝えられることが多くなってきました。

これは、もはや人類に時間が残されていないことのあらわれでもあります。「もう、待っていられない」という神のお気持ちがあらわれているともいえます。

では、人間のほうはどうかというと、神の言葉と聞けば疑いもなく受け入れてしまう人と、まったく受け入れない人に分かれます。これは、どちらも正しくありません。

さて、筆者がこれまでにご縁した方々で、見えざる世界の情報を伝えられた方々を振り返ってみます。ご自身の予言通り、四十八歳で他界された高橋信次氏は、ＧＬＡを主催されていましたが、仏陀やインマニエル、イエス・キリストを呼び出して会話されたり、参加者の過去世を呼び出してその時代の言葉で話されたり、不思議な現象を数多く見せられました。

さらに、見えざる世界の存在や、人間の生命が輪廻転生する姿を実証されました。「わしは神じゃ」と名乗る憑依した霊が、キツネや蛇である場合もあり、その正体を暴かれたりもしました。

信次氏は、電機会社を経営されていましたが、その収益で各地の公会堂を借り切って、無料で見えざる世界を伝えられました。数少ない本物の霊能力を持った方であったと、今でも信じている人々は多いようです。

岡山在住のころ、筆者が懇意にしていただいた政木和三氏は、すでに他界されましたが、大阪大学工学博士で、千件以上の特許を取得され、すべて無料公開されました。電気炊飯器、自動ドア、格安カラーテレビ、瞬間湯沸かし器、嘘発見器、エレキギター、ＣＴスキャナー、電磁波治療器など、多岐に亘りますが、これらはすべて潜在意識からひらめきで電気回路図が脳に送られてくると話されていました。

独自開発されたフーチで三万人以上の人間性測定もされ、昭和天皇の崩御される日にちも、フーチで正確に予言されました。

政木氏は、科学的でない超常現象は信じておられなかったのですが、自宅の仏壇にひょっこり木彫りの仏像があらわれ、日ごとに荒削りから繊細な像に変化していく現象を見せられ、考えを変えられました。

ミカンから直径三ミリほどの真珠が出てきて、それが日ごとに成長し、十三ミリほどの大きさになりました。宝石店で時価百万円は下らないと言われたそうですが、体調を崩すと真珠も痩せるような現象が起きました。

政木氏が亡くなられると同時に、忽然と消えてしまったと、奥様が言われていました。


愛知県に今も健在の加古藤市氏は、イザナギ・イザナミ大神とコンタクトを取る能力を与えられ、人類の起源について画期的な情報を伝えられました。この方は、仏陀や日蓮とも会話する経験をされ、お姿もご覧になったそうです。

古事記における「五男三女の宇気比《うけひ》」は、「御難賛助の御誓約《うけい》」を意味しており、「争わないのは難しいが、お互いに助け合って生きる誓い」の意味であり、人は出生の時、魂がそれを誓ってこの世へ出てくると主張されています。古事記の記述はすべて真実だと考えるのは間違いで、それをつくらせた権力の意向が働いていることを考慮しなければならないと言われています。また、憲法九条は、昭和天皇を通じて神が与えたものであり、いかなる場合も戦争は許されないと、命あるかぎり訴えておられます。

最近ご高齢で亡くなりましたが、兵庫県加美町の千ヶ峰山麓に、歴史的に伝わる阿弥陀如来像をお祀りされている池田艶子氏がおられました。

池田氏は、この阿弥陀仏像の語られる言葉を伝える能力をお持ちでした。岡山城から移ってきたこの阿弥陀如来仏は、「世の中を平安にしたい」と強く願われていましたが、なかなか思うようにいかず、ある時池田氏に「自分の力が足りないので、神と合体する」と言われて、間もなく行方知れずになったそうです。

多くの寺院に阿弥陀如来像は安置されていますが、このようにお言葉を出される「生きた阿弥陀様」は、他に例がありません。

数年経って戻って来られた時には、天照皇大御神《あまてらすすめおおみかみ》と合体されたとかで、お名前も「神弥如来神《かみにょらいしん》」と名乗られました。参拝に訪れる人々のなかに、その願いを果たしてくれる者がいないかと探しておられたそうです。縁あって筆者もお尋ねしたことがあります。「世界の平和を実現しようとする同志を集めて、大きくまとめていきなさい」というお話でした。

この時、すでに神の世界では、国常立太神も同じような思いをお持ちで、創造主の元で調整されました。神弥如来神が創造主の元へ来られて、「世界を平和にする役割は、自分でなければならないとは考えていない」旨を申し伝えられ、譲られたというお話が伝わっています。なお、四国の剣山と和歌山県の玉置山、そして兵庫の千ヶ峰を結んだ一帯は千ヶ峰トライアングルと呼ばれ、霊的に重要な位置づけがされています。

「ワイオ理論」で有名な小笠原慎吾氏は、すでに他界されましたが、人々が詣でる神社に本当に神はいるのかと、様々な実験をされて、その現象を自分の体を使って確認されました。たとえば、ある小さな神社で、いきなり社殿を蹴飛ばしてみたのです。そしたら、あろうことか、瓦が勢いよく頭上に落ちて、瀕死の怪我を負ったのです。幸い、病院が近くにあったため応急手当てができて一命を取りとめたそうですが、こうした方法で神が実在されるかどうかを確認していかれました。そしてついに高級神と交信できるようになられ、地球人類の時代の変化の大きな流れを追求されました。

今は先祖や権威あるものに影響を受ける「祖」の時代ですが、やがてもうすぐ「皇」の時代に大きく切り替わっていくと説かれていました。詳細については、残念ながら紙数の都合上、割愛します。

最近では、国常立太神のお言葉を主として伝えられる清水浦安氏や本堂雅英氏、また、筆者がご縁した、前世が篤姫と言われる栗原亨子氏は、全盛時代には創造主からはじまって、その奥方様や、そのお子である十二神の創造神を含む、じつに多くの神々の言葉を伝えられました。

さて、「何事も鵜呑みにするな」というメッセージがあったことはこれまでに述べました。いかなる神であろうと、その言葉を鵜呑みにすることがいかに大きな間違いにつながるのかを示す騒動が、二〇一二年の十二月に起きています。

五千年続いた「マヤ歴」が終わる十二月二十一日に地球がリセットされるという情報が、神の世界から伝わったのです。この情報を知った世界中の人々は、それを信じて、本気になって祈りました。財産を処分した人もいたようです。

しかし、結果的になにも起きませんでした。

こうした事例があったにもかかわらず、それでも神の言葉を伝えるという霊能者を疑わず、信じ込んでしまう事例は後をたちません。霊能者を、新興宗教の教祖、またはリーダーと置き換えてもかまいません。その人物を、信じ切ってしまっていないでしょうか。その言葉を疑ってみたことがありますか?

霊能者がいつも正しいことを言うとはかぎりません。かつては、正しい神が言葉を伝えていたとしても、それがいつ曲津神（偽神）に入れ替わっているか、人間には見抜く力がありません。曲津神の言葉でさえ、九九・九九パーセントは本当のことを言う場合があるそうですから、その間違いに気づける人間は、恐らくいないでしょう。

疑うことができなければ、霊能者や教祖の言葉が絶対になります。そこから発せられる言葉のみを信じることになるでしょう。高級神の言葉だという「権威」がつけばなおさらです。間違った情報に洗脳され、真実の道へ進めないのです。

今まで信じていたものでも、疑ってみなくてはなりません。正しかったか、間違いは修正されたか、検討するのです。

間違いが修正されず、うやむやになっているとしたら、それこそが間違っています。思い切って、その場を離れましょう。時間を置いて冷静になり、間違いが多いと気づいたら、近づかないことです。

「君子危うきに近寄らず」が正しい態度です。

本当の神は、愛そのものです。従わないから、信じないからという理由で、プレッシャーを与えたり、不利益を与えたりしません。

ただし、曲津神という偽神も存在します。地上がいつまでも戦争を続ける背景には、こうした悪神が大きく影響しています。人類が平和と安定に向かわないように働きかける神々がいるのです。人間に悪想念を抱かせ、それをエネルギーとして吸収する神です。神を名乗る悪魔と考えた方がいいかもしれません。人間の我欲を叶えて、代償を要求する神もいます。

悪神を見分けられない私たちは、悪神であっても、自分たちより数段高い存在であると思い込み、ひれ伏すような気持ちで接してきました。敬って遠ざけるのが日本人の神に対する態度であり、歴史でもあったのです。

地球が過去にないほど乱れに乱れているのは、見えざる神の世界に意識を向けない人間が増えてきたことと関係しています。世代が変わるごとに、現実世界だけに目を向けて、見えざる世界や神の存在に意識を向けなくなってきたのです。神により創造された人間が、神の存在を認められなくなっています。

宗教上の神を信じる人々は多いのですが、宇宙に実在する神と宗教上の神はちがいます。このことを理解するのも、いまは難しくなっているのが現状です。

宗教を信じ、宗教上の神仏を信じることと、創造主に意識を向け、その存在を知ることとはちがうのです。宗教は、信じる信じないにかかわらず、場合によっては大きな弊害をもたらします。本書では宗教にはいっさい関わりません。繰り返しますが、宗教を信じることと創造主の存在を認めることとは、まったくなんの関係もないからです。
　創造主は無限絶対の存在で、不可能はないのでしょうか。そんなことはありません。創造主
もまた、「宇宙の法則」に基づいて動かれているのです。無理なくすべてが営まれています。
ある日突然、太陽が西から昇ることもなければ、我欲に基づいた祈りが、ある日突然成就する
こともありません。

　封印された日本の神、国常立太神について、先に少し触れましたが、神を封印し、解除する
力が人間にあって、神は人間が解除の行動を取るまでは、何千年も封印されたままでいます。
神はなぜ、そんなに無力なのでしょうか。
　ここにも「宇宙の法則」が作用しています。三次元のことは、神の分身である人間に任され
ているのです。神が直接手出しできない領域だということです。
　神は、万能であって万能ではありません。
　メッセージを伝えられる時も、「人間の進化に応じて、質問に答えよう」と言われます。「き
かれないことには、答えられない」とも、「段階の法則があるのじゃ」とも言われます。
　創造主に不明なことがなくても、段階の法則を無視して教えられることはないのです。
　一例をお伝えします。

ある時、筆者は、創造主に思い切ってお尋ねしたことがあります。

「地球の中心部はマグマで一杯だと考えられていますが、実際は空洞ではないのでしょうか？」

そのお答えは、「それは真じゃ」でした。そこで調子に乗って、「太陽は六千度の高温で燃えていると考えられていますが、実際は低温ではないのでしょうか？」とお聞きしました。

返答は、「それについては、まだ教えられぬ。段階の法則があるからじゃ」とのことでした。


創造主であっても法則に反することはできないのです。

神は、人間の進化に応じて力を発揮できます。人間の意識レベルが低い状態では、現実をより良いものにと、どれだけ神が願ったとしても、どうにもなりません。だからこそ、人間が本気で目覚め、本気で新しい世を願わなければならないのです。世界の平和についても同じです。その願いは波動となって世界を変えるでしょう。

不幸な人類を見て、神は悲しみ苦しんでおられます。楽にしてやりたいと強く願われても、神だけではどうしようもないのです。人類の意識が向上し、波動が高くならないかぎり、世界を変えられないのです。

私たちが神に期待するのではなく、私たちが神に期待されています。

私たちの生き方が変わり、高い波動に満ちたときこそ、神は人間と行動を共にし、力を振るわれることでしょう。未来を悲観的に考える必要はありません。

そのときこそ、神と目覚めた人間とが一体になる時です。

新しく次元の高い世界に移行したいと思う人は増えてきましたし、物質至上主義に嫌気がさしている人もだんだんとその数を増していきます。高い波動は、宇宙にみなぎりつつあるのです。

我欲を追求しようとする人間は、まだ未練があるのでしょう。そうでない人々は、さっさと気持ちを整理して、意識をより広い宇宙に向けていきましょう。

神一厘の仕組み

『日月神示』には「神一厘の仕組み」という言葉が出てきます。

この言葉の示す意味をひもといていきましょう。

最近、意外なことがわかりました。

国常立太神は、前述したように、地球人類の守り神であり、数千年もの間封印されていた偉大なる神ですが、同時に悪神でもあったというのです。国常立太神はルシファーであり、サタンだったと言われるのです。

光の神と悪神は別々の神ではなく、一つの神が両方の働きをされていたということです。宇宙を進化させ、人類を進化させるには、善と悪が必要だったということでしょう。表向きは光の神であり、裏では邪悪な神であったとは、にわかには信じられない話です。「神の言葉を鵜呑みにするな」という言葉の重さがわかります。神は、光になったり闇になったりしながら、言葉を発してこられたのです。

では、光と闇が一体だとすれば、光の神の言葉と闇の神の言葉の違いはどこにあるのでしょう。

悪神の言葉といえ、九九・九九パーセントは本当のことなのです。残りの一厘の部分で人類を惑わすのです。この「一厘の違い」に気づく必要があるわけです。しかし、一厘の違いを見抜く力が人間にあるのでしょうか。

見抜く力は、本来誰しもが持っています。それが内座神です。内在神ともいいます。内なる神です。

後述しますが、人間には、自分の魂のなかに創造主の意識が内在しています。神の「一厘の違い」を、内座神に確認していく必要があるのです。

「神一厘の仕組み」とは、「一厘の違いに気づけ」という意味になります。

内座神とつながる方法についても後述しますが、簡単にいうと「外の情報に左右されるな」という結論になります。とくに、霊能者や教祖といわれる人達を過剰に求めないこと、自分の内なる神に気づくことです。


さらに、別の意味もあります。

人間は勝手に善悪の基準を設けて他人を裁いていますが、その違いは、神の目から見れば、一厘の違いでしかありません。光と闇は一体です。神が一瞬にして善悪を変えるように、そこには一厘の違いしかないということなのです。

人は光と闇を対立させて、一方を好み、他方を排斥したくなりますが、それはけっして敵視したり排斥する対象ではなく、抱きかかえていく、抱擁していく、許していく、寛大な心が求められています。人間は敵をつくりたがります。しかし、光も闇も人間を進化させるために存在しているのです。

意識を内座神に向けていかなければなりません。内なる神、内座神を信じるとは、とりもなおさず、その神を抱いている自分を信じるということです。自分とは、創造主から分かれた自分であり、いつか創造主の元へ還っていく自分です。

今までの宗教は、「外なる神仏を信じよ！　さらば救われん」という教えでしたが、これからは真実を知ることが求められるようになるでしょう。外なる神でなく、内なる神の実在を知ることのほうが重要になります。

「信じる」よりも「知る」

科学文明が発達し、情報が氾濫する現代では、素朴な考えは姿を消し、なんでも理詰め、理屈で考えようとします。神の存在を理屈で考えてもわかるはずがありません。

宇宙の存在、人間の存在、なにをとっても偶然ではありません。すべてを存在たらしめている意志が働いている、それこそが創造主の存在であり、根源意識であり、根源神であると述べてきました。

世界の平和が、どれだけ時間を費やしても実現しない原因は、まさに人類の意識が、宇宙根源の創造主に向いていない点にあります。

人類は、宗教を超越し、根源の存在である創造主に意識を向けていかなければなりません。人類の真の平和は、それなしでは実現しないのです。もはや宗教にこだわる段階は過ぎました。世

宗教を考え出した人間は、祀る対象となる神を創造し、偉人を神として祀り上げました。世界各地でさまざまな宗教が誕生し、時代を超えてわが神こそが真実であると主張し合い、それ

が今でも続いています。したがって、神を知ろうとしても、神をどのようにイメージしたらいいかわからないのです。宗教上の神と混乱してしまうからです。

神を信じるとは、宇宙の真理を追究し、その仕組みを知り、宇宙の法則を知り、その背後におられる神を知ることです。理性を殺して、無理に信じこむものではありません。

「信じる」よりも「知る」なのです。

「知る」のは簡単ではありません。真実でない情報を掴んだとしても、それは「知った」ことにはなりません。自分はなんでも知っていると思いますか？

それは、ただ、自分が知識だと思っているものが誤っていることに気づいていないだけです。見える世界のことであっても、真実を知るのは難しいのです。ましてや、見えざる世界の真実を知るのは、至難の道といえます。

今、明確にいえるのは、宇宙は愛でできているということです。神は愛そのものであるといっても過言ではないでしょう。神を知るとは、真実の愛を知ることです。愛こそ、神なのです。愛深い人はそのままで神です。神の意図を自然に果たしています。

さて、創造主の意図、意志について述べてきましたが、宇宙の仕組みについては、いまだ不明の部分が多くあります。多次元の宇宙に対応して、生命の形態も変化していきます。

これは、大きく分けて、霊体、幽体、肉体となります。アストラル体、メンタル体、エーテル体とも呼ばれます。霊界でまとうものが霊体、幽界でまとうものが幽体です。やがてアセンションに向かう地球では、幽界が消滅する運命にあり、幽界につながる地獄界は、しだいに狭い空間になりつつあるようです。狭くて住み難くなるにつれて、地獄界から地獄霊が人間に憑依しようとさまよい出てくるようになりました。

世界中が加速度的に乱れているのは、この憑依現象も原因の一つだと考えられています。幽界に留まる霊魂たちは、本来は霊界を目指さなければいけないのですが、それには気づきが必要になるため、安易に人間界に出てくるのです。憑依されている人々の数はおそろしいほどの多さです。一人に数人の霊が入っている場合もあります。

精神的な自立

不安定な時代には、霊能者の発する予言がもてはやされます。

不幸なことが続くと、悪霊にでも憑依されているのではないかと不安になり、どこかに霊能者がいると聞けば、少々のお金を払ってでも、そこへ相談に行きたいと思う人もいるでしょう。

霊能者が、自分の不安や不幸を解決してくれると考えるからです。

しかし、いかなる霊能者もそのような力を持ちません。そうした力を持つのは、自分に内在する神だけです。内座神に耳を傾ける努力をしなければなりません。まずは自分の心を浄化し、自分の魂とつながらなければならないのです。

魂を覆っている心が曇っていると、魂の姿は感じられません。曇りが晴れたなら、太陽の光が輝くように、自分の魂が姿を見せます。魂と創造主はつながっていますから、魂と自分の心がつながれば、神とつながることができます。

安易に自分の外に救いを求め、それに従えば自分の人生が上手くいくなどと考えるのは、まったく間違いです。「霊能者の言葉を信じれば助かる」と考えるのは、自分の進化を止める危険な行為です。

内在神を眠らせてはいけません。自分に宿っているもっとも大事な力を封じ込め、眠らせ、どこまでも自分は無力だと信じ込まないように。正しい光の神の道から外れないように進まなくてはなりません。

現在の生活に問題があるのは、不幸ではなく、気づきのための教材です。その問題を解くのが今世の宿題です。外に答えを求めても解答は得られないのですから、自立しなくてはなりません。

自分の人生を生きるのは自分一人きりです。誰も行動を共にはしてくれません。どこまでも共に歩んでくれる存在は、唯一、自分に内在する根源の神だけなのです。

4 魂・心・意識

魂を構成する要素

人間には魂が与えられています。

しかし、魂は目に見えず、どこにあるのか確認できません。本当にあるのか、ないのかもわからないまま、生涯を終える人も多いことでしょう。

人間が生まれてくる時にはすでに、魂が宿っています。魂の進化を果たすために、肉体が与えられます。本当の姿は魂が主で、肉体は従なのです。これを霊主体従といいます。

魂は、三つの要素からできています。まず、魂の入れ物である魂《こん》という容器。これは球形で、いつも回転しています。

その魂《こん》のなかに入っているのが御霊《みたま》です。御霊はそれぞれ固有のもので、個人ごとに異なっています。

さらにその御霊の核のなかに入っているのが、創造主の意識である光の一滴です。創造主の愛を大海に例えるなら、その一滴が与えられています。

これが人間の魂です。魂の姿形が明かされたのは、今世紀に入ってからです。

こうした魂は、すべてが同時に生まれたわけではありません。新しい魂、古い魂があります。古い魂のなかには、すでに十億年以上生き続け、神になっているものもあります。

魂を進化成長させるために、何度も肉体をもって生まれることになります。肉体は百年程度の寿命ですが、魂の寿命は無限です。魂が死ぬことはありません。

人間が進化を果たせば、いつか誰もが神になります。最高度に進化を果たした魂はすでに神といえます。ただし、神にも百八十一の段階があるそうですから、一足飛びに創造神の段階に近づけるというわけでもないのです。

魂の岩戸を開ける

魂は永遠不滅のもので、それを進化させるために肉体を持って生まれてくるわけですが、魂と肉体の媒体をするのが、心です。

魂を心が取り巻き、心を肉体が取り巻いているとイメージしてください。魂の中心に神の光が宿っていますから、四つの同心円をイメージしてもいいでしょう。内部から、神―魂―心―肉体という関係です。肉体と魂のあいだに心が介在しています。したがって、心が曇っていると、魂とつながることができず、肉体と魂が分離したままになってしまいます。心の曇りで、肉体が魂を見つけられないのです。

これを別の表現であらわすこともできます。

神に匹敵する部分は、超意識となります。その外側は魂ですが、これは潜在意識に該当します。その外側の心は、表層意識、顕在意識になります。

心が浄化されて魂と肉体がつながったとき、創造の源とつながります。創造主の力が発揮され、不可能のない存在に近づくのです。魂とつながって、歓喜、感動、喜びに満たされるのが、人間本来の姿です。

では、心が汚れているとはどのような状態でしょうか。これはまず、誤った情報に洗脳されている場合です。真実でないことを真実とし、知識としているのも心の汚れです。真実を見極められず曇っている状態です。

もう一度白紙の自分に戻ることが、心の曇りや汚れを取る一歩になります。

「心を空っぽにする」とは、この、自分の心を白紙にするということです。魂と心をつなげるのが最大の目的になります。「ヒマラヤ瞑想」もまた一つの方法です。ヒマラヤ瞑想については後述します。


自分に心があることは、誰でも理解できることだと思います。

心と魂は本来つながっているべきですが、魂を知らない人は、心だけで生きています。

肉体は五感に反応し、心は肉体に反応します。ゆえに肉体が快感を得れば、心も快感を得ます。

反対に、肉体が快感の絶頂を味わっていても、心は虚しさを覚える場合もあります。これは、心が魂とつながっていることをあらしています。

とはいえ、おおむね、肉体と心のほうが密接につながっています。つまり、自分の心だけを意識して生きるというのは、肉体だけを意識して生きることと同じことです。

本当は、心は魂ともつながっているはずなのですが、肉体の方へばかり意識を向けて、魂とのつながりは忘れられています。魂に、心の靄《もや》がかかっているのです。心を浄化し、この靄を取り除けば、魂の存在を感じられるようになります。

「魂が岩戸のなかに隠れているので、岩戸を開けよ」ともいわれるゆえんです。

心と意識の違い

万物は「霊・力・体」の配合でできていますから、石や岩のような無機物にさえ「霊」である心が宿っています。人間だけでなく、家畜や猫や犬もまた、心を持っています。

人間とその他のものを分けるのは意識です。

では、意識と心は、どのように違うのでしょうか。

私たちの心は、流れる雲のように固定化せず、浮かんでは消えていくものです。五感から刺激を受けて、美味しそうな料理を目にすれば、食べてみたいという心が湧いてきますし、梅干を見れば、酸っぱいものだと感じるでしょう。これらはすべて心の働きになります。

異性の姿形、言葉や仕草に好意を抱いたり魅力を感じたりするのも心の作用ですし、腹を立てたり怨みを抱いたりするのも心の作用です。

自分の心をコントロールできる人はそう多くありません。車を運転している最中に、誰かに追い越されただけでカッとなって追い抜こうとするような、これも心の反応です。感情のまま、心が行動を決めているのです。

漠然とした一時的な心の動きを整理して、自分の魂が納得する形で明確にしたものが意識です。

何事も、行動に移す場合は、自分の心を意識にしたうえでおこなうべきなのです。つまり意識は、心を固めたものということもできます。

心を固める前に、衝動的に行動する人が増えました。行動してしまってから、なぜあんなことをしたのかと振り返るのです。

静かな時間を持って瞑想することは、心を意識に変える場になります。なにかを反省するのではなく、善悪も考えずにただ見つめることで、自分の心を観察し、心を意識に変えていく訓練をするのです。

心だけで行動する人は、強い言葉でいえば動物に近いのです。自分の心を意識にしたうえで行動に移していかなければなりません。

意識は、強いエネルギーを持ちます。

人間の想念は、ただ漠然と心に思うだけでは大きな力を持ちません。心を意識にして強めたとき、想念は力を発揮します。「想念はものをつくる」といわれるのはそのためです。

念力も同じです。強いエネルギーで念を持つと、それが物質化します。引き寄せの法則ともいわれますが、思うだけでなくノートしたり、具体的な場所の地図を描いたりして強い念をつくると、物質世界でその念が実現するのです。念じるとは、とりもなおさず、心を意識化することです。ただ心に平和を思うだけでは実現しないというのは、意識にしていないからなのです。

心の動くままに行動するのではなく、魂が納得する意識に変えて行動することが大切です。自分自身が変わるために、意識を、創造主の意識に近づけるのです。難しいことではありません。創造主の意識とは、すべてを分け隔てなく愛すること、みんなが命を躍動させて生きる平和な世界を構築することです。

その創造主の思いを、いつも意識して生きる。それがすべてです。

五感に影響を受け、雲のように突如として湧き上がる心に支配されて、慌てて行動しないことが大事です。行動する前に、心を意識に固めましょう。そのときに、創造主の意識と照らし合わせてみましょう。

小さい我欲や執着心、怨みや妬みはなかなか心から去ってくれません。その思いを留めたままでいると、どんどん増幅していきます。思いが消えないのは、現実に執着しているからです。三次元がすべてではないとわかれば、執着は少しずつ消えていきます。

私たちが生きている世界は、舞台で演じる芝居のようなものです。自分にとって必要な役回りを決めて、演じているのです。そう意識できれば、自分の境遇を客観的に眺めることができるようになります。死んだら終わり、今こそかけがえのないとき、二度とない人生、などと思い込んでいると、本質を見誤ります。

舞台の上で敵に陥れられたからといって、芝居が終わってから仕返しをすることはないでしょう。相手も自分も役割を演じているだけだと知っているからです。

人生も、それと同じなのです。

真剣に与えられた役を演じますが、そこには一切の執着はありません。役柄はかりそめのものだからです。肉体を使って人生劇場を演じ切り、最後に残るものは他人の評価ではありません。演技が上手だったかどうかでもありません。真剣に演じきったかどうかです。最後に残るのは、自分の意識なのです。

心にふりまわされずに意識して生きたかどうかが問われています。

心の曇りを浄化する

私たちは、自分の固有の魂を進化させるために、肉体を持って生まれてきました。肉体の命は百年足らずの短いものですが、魂は永遠の命を持っています。体験を積み重ね、多くの知恵を内在させているのです。

この知恵を活用して生きるなら、人間は想像を絶する力を発揮できるはずなのですが、それがなかなかできません。

なぜなら、肉体と魂のあいだに心が介在しているからです。心は肉体とは一体のようになっていますが、魂とはつながりが強くありません。魂の存在を心が意識できないのは、心が汚れて曇っているからです。

雲に覆われて太陽が見えないように、魂を感じられないのです。心の曇りが晴れれば、魂が手に取るように見えてくるでしょう。

人間は、誰もが苦悩を抱いて人生を歩んでいますが、その苦悩を歓喜に変える方法は明確です。心の曇りを取ること、すなわち心を浄化することです。魂と心がつながれば、心と密接につながる肉体もまた生き生きと活性化し、躍動します。「心を浄化して生きる」ことです。ですが、残念ながら、簡単な方法は見つかっていません。

心を浄化する方法がわかれば、宝を手に入れたようなものです。

座禅をしたり、瞑想したりして修行するのは、その宝を得たいからなのです。「六根清浄」

と唱えながら、白装束に身を固めてけわしい山に登る人たちもいます。四国八十八か所の霊場を、何日もかけて徒歩で参拝する人もいます。欧州にも同様の巡礼の旅があります。黙々と歩き、なにかを悟ろうとするのです。悟らないまでも、そうした巡礼からなにかを感じ取ろうとしているのです。

人は神の分け御霊であり、人は神であるとも述べましたが、それを実感できた方は少ないでしょう。私たちは「人は神である」という実感を簡単には持てません。体験していないからです。

神の言葉で神を理解する方法もありますが、自分が神の境地に達することができるなら、どれだけ価値があることでしょう。ただし、修行によって神の境地に達するのは簡単ではありません。しかし、修行できなくても、その境地に近づく体験はできます。その方法が瞑想です。深い瞑想をおこない、内在された神とつながるのです。

言葉や知識で創造の神を知るだけでなく、深い瞑想による体験で神を知るのです。日本には、ヒマラヤ奥地で修行し、深い悟りの境地であるサマディに到達した方がいます。ヒマラヤ聖者の最高峰、シッダーマスターの資格を得た相川圭子さんという方です。

こうしたすばらしい指導者が日本で瞑想の指導をされていますから、機会があればその教えに触れてみるのもいいでしょう。人は神であるという、その境地を体感された方です。

瞑想は反省ではありません。反省は自分で自分を裁いている部分があります。瞑想には一切の裁きがありません。

心をリラックスさせて無我の境地を目指します。一切の囚われがないようにします。瞑目して心を鎮めると、さまざまなことが心をよぎります。それを追いかけていると、心ははてしなく引っ張られてしまいます。なにが思い浮かんでも、追いかけずに流していくことです。思いが浮かんできても、ただそれを眺めている自分を意識します。自分を客観的に見るのです。自分の思い、自分の考え、自分の感情、自分の行動、それらを客観的に、なんのジャッジも入れずに見るのが瞑想の極意です。

要は、リラックスして、何物にも囚われない心の状態をつくるということです。心を空っぽにし、怨み、辛《つら》み、怒り、悲しみなど、ネガティブな思いを一切捨てるのです。これには訓練が必要です。

毎日、少なくとも十分程度、心静かに瞑想し、自分の内面を見つめる習慣を持つとうまくいきます。魂と心がつながれば、創造の源とつながる魂から無限の力を引き出して活用できるようになるでしょう。

日常の生活では、人々はどこまでも自分の主観で生きています。執着や感情を抱かずに生きることはできません。

瞑想は、心に執着する思いや湧き上がる思いをすべて流す訓練です。思いが浮かんできても、それを消そうとはせず、ただ眺めることで、瞑想から離れた時であっても、たえず心を流していくのです。留めない生き方ができれば心も浄化されていきます。微塵《みじん》の囚われもない心になった時こそ、心が浄化されたといえるでしょう。そうして、心は魂と繋がりはじめるのです。

私たちは、自分の健康、お金や生活費の問題、対人関係、過去の失敗、未来の心配といったことに囚われ、心を煩わせています。囚われていてもなにも解決せず、前進しないにも拘わらず、くよくよと考え続けるのです。

例をあげましょう。

いつも健康な体が、今朝からお腹が痛みはじめたとします。原因は、胃か、腸か、肝臓かと思案します。すぐ病院へ行くべきか、もう少し様子を見るべきか。もし癌だったらどうしよう。残り何年生きられるのだろうか。もし自分が死ぬとなったら、誰になにを引き継いでおくべきか。

こうして、思いは果てしなく広がっていくばかりで、安らぎにはなりません。

こんなとき、普段から訓練していれば、同じ現象が生じても反応は異なります。どういう結果になっても、すべてを受け入れようという心でいられます。


人間は、哀しいかな、小さいころから自分と他人を比較し、他人を評価して、優越感を味わったり、劣等感を持ったり、羨んだり、自慢したりして生きてきました。

しかし、自分の存在のみが自分にとって意味あるものです。他人がいるのは、自分の体験のためであって、他人のために自分が存在するのではありません。他人を意識する必要はありませんし、他人をジャッジする意味もありません。

それなのに、私たちは他人を評価して批判し、悪口を言ったりして、多くの時間を他人に割いています。他人にこだわり、つねに心に他人への思いを持っていたら、心の靄《もや》を払うことはできません。

同じように、自分を裁かないことも大切です。自分は駄目だ、意志が弱い、なにをやってもうまくいかない、そんなふうに考えている自分がいるとしたら、それは自分を常に裁いているようなものです。裁くのと、客観的に冷静に眺めるのとは違います。

駄目だと思っている自分を眺めてみてください。それがいいことだとか、悪いことだとかを考える必要はありません。ただ自分の姿を見るのです。自分を客観的に眺められるようになれば、しめたものです。感情的にならずに、淡々と対処していけるようになります。

つまり、心を浄化するというのは、心に一切のこだわりをつくらないこと、すべての現象を客観的に眺め、流していくということです。

現実には、起きてほしくないことも起きます。宇宙に起きることは、自分の力で制御できません。そこにこだわって、自分に都合のいいように制御しようとするから、苦悩が生まれます。ただ起こるままに任せるのがいいのですが、実践は簡単なことではありません。

流れる雲の如く、淡々と生きようと思うだけで、心は軽くなっていきます。自分は無限の宇宙に生かされており、なにも心配することもこだわることもないのだと思えば、心の塵は少しずつ消えていくことでしょう。

心を空っぽにして生きる

神の世界から伝えられている生き方のひとつに、「心を空っぽにして生きよ」というものがあります。

私たちの心は肉体とつながっているので、肉体が苦しいときは心も苦しみますし、肉体が快適なときは心も快適を味わっています。

心が常に幸せでいられればいいのですが、そのような時ばかりではありません。心は、その場の状況で揺れ動くものだからです。揺れ動く心に翻弄されるのは、苦しみを避けられないということでもあります。

暴れまわる心をコントロールできれば、人生の達人といえるでしょう。「心を空っぽにして生きる」とは、この極意を示しています。


心には、長年生きてきた癖が染みついています。ひがみっぽい性格、怒りっぽい性格、妬みっぽい性格、愚痴っぽい性格、疑いっぽい性格、お節介で、出しゃばりの性格、さまざまなマイナスの心の癖を持っています。それらは消えることなく温存されています。こういう癖をきれいに浄化すれば、空っぽの心の状態になれます。

では、どのようにして消し去るのでしょう。

まずは、自分の心癖を見極める必要があります。心の傾向があらわれたとき、それを自覚して消し去る努力をしなければ、心癖は永遠に消えません。肉体は焼かれて土にかえっても、心は消えません。幽体と一緒に、心も生き続けます。肉体が消えても心は切り離せず、永久につきあっていくことになります。

心のマイナス面を修復できるのは、肉体のあるあいだだけです。幽体、霊体になってからではできません。肉体のあるあいだに、心を空っぽにする訓練をしなければならないのです。

私たちの心には、肉体を維持するために必要な欲望があります。腹が減る。喉が渇く。眠りたい。遊びたい。憂さ晴らしがしたい。異性とセックスしたい。苦痛を味わいたくない。死にたくない。こうした欲望がすべて心配につながっていることに気づいたでしょうか。

自分は創造主に愛されていると信じ、全幅の信頼を置ければ、生きてゆくことになんの心配もありません。つまり、「心を空っぽにして生きる」とは、心を神への信頼でいっぱいにすることなのです。

神、神と、つねに神を意識して生きるなど、つまらないと思う人もいるかもしれません。我欲だけで、目先のことに最大の関心を抱いて生きる人がいるのは当然です。

目に見えない世界の存在を一切認めず、我流で生きて、その結果どうなるかを試す生き方もあるでしょう。神が本当にいるのかいないのか、それが身にしみてわかるまでは、一切認めないという生き方をする人もいるでしょう。「こう考えなければ駄目」というような制約はありません。

段階の法則によって、気づく人、気づかぬ人に分かれているだけで、誰しも進化の道を歩むというのが「宇宙の法則」だからです。

早く進化したいか、そんなに急がないか、選択するのは自分です。早く進化したいと考える人は、心を神への信頼で満たす生き方を選ぶべきでしょう。

選択の結果に対しては、自分が責任を負っていかなければなりません。ですから、自分の考えを人に押し付ける必要はありません。

選択すべき道はその人によって違い、他人には判断できないのです。自分がいいと信じたことを相手にも伝えたいと思うのは思い上がりかもしれません。

さて、神への信頼で心を埋めるとは、つまり、穏やかで平和な心を得ることです。すべてを愛おしく思う心です。敵も味方も、善人も悪人も、すべてを愛おしく思える心で満たすのです。簡単なことではありません。人間は、今まで生きてきた自分の価値観や常識、知識で考え、その基準に合致しない対象に対しては、どうしても裁いてしまうからです。

人に対してのみではありません。神はなぜ、どんな意図で害虫をつくったのでしょうか。「殺すな」と言われても、害虫を見つけたら殺してしまいます。これが人間のカルマ、業なのです。

神のような心になって、万物を愛することの難しさは明らかです。

「人生のあらゆる選択は、個人の自由」という言葉に安心している時ではありません。人が進化して神になる道がいかに困難であるかを考えれば、領土や資源や富の奪い合いをしている場合ではないとわかるでしょう。

5 世界にはびこるもの

人間の役割

創造主の分け御霊をいただいた人間の役割とは、三次元の世界を創造主の意図されたようにつくりあげることです。創造主の意図がなんなのかは、もうおわかりでしょう。すべての宇宙を愛で満たすことであり、そして無限の進化を果たすことです。この役割が人間に課されています。

人類は文明を築き上げましたが、同時に、意識が物質に偏りすぎて、創造主の存在を忘れてしまいました。結果として、傲慢になり、我欲の追求だけでなく、他を支配して自分を優位にしようとする人間があらわれました。自分が神のように振る舞いたいと願うようになったのです。創造主の意図である「愛」を忘れ去ってしまいました。

現在は奴隷制度こそありませんが、実際には多くの奴隷を生み出しています。奴隷状態に置かれている人間が、それを意識できないように巧妙に仕組まれているので、気づけないだけなのです。創造主の愛を忘れ、力を持った人間が自分中心の世界を築き上げてしまった結果です。

このような世界では、個々の人間の進化は停滞し、創造主の思いを果たせません。宇宙の法則からも逸脱してしまいます。

人間の役割は、創造主の意図を創造主に代わっておこなうことですから、世界の人々が苦しむのではなく、喜びを分かちあい、共に進化を目指せる平和な社会を築いていかなくてはなりません。現在の社会が創造主の意図を裏切っていると気づかなければ、どこかの時点で間違いなく、今の文明は破壊されるでしょう。創造主がそうするのではありません。人間が自ら破壊してしまうのです。

みんなが公平に生活できる社会に変えていかなくてはなりません。権力者が人々を従える社会ではなく、人類全員で力をあわせて平和を実現しなければなりません。今のまま我欲を追い求めるなら、この社会は間違いなく崩壊に向かうことになるでしょう。

さて、人類全体にとっての人間の役割は明確になりましたが、個々に生きている人間としては、どのような役割を意識したらいいのでしょうか。総理大臣になるとか、大企業の社長になるとか、ノーベル賞級の科学者になるとか、そんな存在になることが人間の役割ではないことはわかります。

宇宙の評価を得るには、多くの人々の幸せにつながるおこないをしなければなりません。多くの障害や抵抗をしりぞけ、実現が困難なものに立ち向かって、みなを喜ばせるような結果を得たなら、大いなる評価につながります。そのような貢献をすることが、個々の人間の役割なのです。

地位だとか名誉に関係なく、なにをおこなったかが評価の対象になるのです。

そうした人間の役割を果たすために、権力や財力を手にする必要はありません。人間社会の評価と宇宙の評価はまったく違います。

自分の置かれた環境のなかで、自分にできることを地道におこなっていく。その結果を多くの人々が享受できるなら、人間としての役割を大いに果たしたといえます。本来はそんなに難しいことではありませんが、現代は地道に努力することが難しく、安易な道に流れがちです。目先の欲に振り回され、自己保存の心で、自分中心の考えで行動しがちなのです。そうなれば、この世的にどれだけ成功しても、失敗の人生になってしまうでしょう。

二極性の世界

あなたは、自分が悪人だと思いますか。

筆者は善を求め、悪人になるまいと思って生きてきたつもりですが、それでも、よく考えてみれば、善とはいえないおこないもしてきたと感じます。そうしたおこないをするたびに、やむを得なかったとか、大した悪ではないと自分を弁護し、庇ってきました。

愛に満ち溢れた世界が、創造主の望む究極の姿であるとわかってきました。この世のなかが善ばかりで、悪が姿を消してくれれば、どんなにいいでしょう。しかし、この世には悪が充満しています。なぜなら、創造主の愛には善悪の区別、差別がないからです。すべてを愛されるのです。そのため、悪も生かされています。絶対的な善も悪もないと知る必要があります。悪だと思って憎んでいたものも、よく知れば善である、ということがあります。悪に対する寛大さを人類は学ぶ必要があるのです。

神の世界でも、光の神ばかりではないとすでに述べました。闇の神、すなわち悪神も存在し、それは光の神と表裏一体です。

私たちの正義がはたして正しいのかどうかを考えなくてはなりません。創造主が存在を許している悪人を、人間は許せません。自分を善人だと思い込んで、悪人を裁いています。

たとえば、ひもじい子供が盗みを働いたとして、その子供は悪人とされます。しかし、生活力のない子供に、ひもじい思いをさせている社会の責任を考えれば、本来裁かれるべき悪は、社会のリーダーや政治家だということになります。そのリーダーや政治家を選んでいるのは国民ですから、自分もその悪の一人となるでしょう。

人間のレベルで善と悪の真実を見極めることは困難です。たいていは、力の強い者が弱いものを裁くことになります。勝者が善で、敗者が悪です。善悪もまた、環境や情勢に左右されます。人間の尺度は神の尺度とは大きく異なっているのです。

私たちは自分に甘く、他人には厳しく振る舞いがちです。自分を裁くことは少なく、他人を裁くばかりです。創造主の意図は違います。それを理解し、他人を裁かず、自分も裁かないことです。言うほど、簡単なことではありません。

どう考えても悪だと思えるものを、裁かずに冷静に受け入れることができるでしょうか。これができるようになれば、争いは姿を消します。世界は間違いなく平和になるでしょう。ですが、これは難しい道のりです。

平和を実現するのは不可能でしょうか。けっして不可能ではないはずです。地球もやがて完全な平和を実現できると信じます。

それは、善悪を裁かなくなった時です。環境や時代によって、悪も変化します。たとえば、殺人は誰が考えても悪に違いありませんが、殺人を犯すまでには、複雑な要因があります。悪が別のところに存在する場合もあるでしょう。犯人に強いて人を殺させることもできるのです。結果だけを見て、悪人だと思うのは短絡的です。


善悪だけではなく、この世は何事も二極性で成り立っています。すべてに相反するものが存在します。ポジティブなものとネガティブなものが存在する場合、その両方を理解し、受け入れるのはきわめて困難です。

光と闇、喜びと悲しみ、愛と無関心、勤勉と怠惰、真と嘘、長所と短所、持続と挫折、浅慮と熟考、敏感と鈍感、誠実と不誠実、精密と粗悪、美と醜、元気と病気、楽観と悲観、寛大と怨念、優しさと厳しさ、柔と剛、積極と消極、満足と不満、成功と失敗、天才と鈍才、幸福と不幸、裕福と貧乏、偶然と必然、小心と大胆、勇気と臆病、先見と目先、礼儀と無礼、苦痛と快楽、贅沢と倹約、平等と差別、公平と偏見、贔屓と対等、真実と虚偽、味方と敵、豪華と質素、極端と中庸……。

いろいろ出てきます。こうした相反するもののなかで、ネガティブなものは、なるべく存在してほしくないと思いがちです。しかし、それらは進化のために必要なものなのです。善だけの世界では修行できないからです。

悪には悪の役目があります。善ばかりのドラマでは善を知ることはできません。悪があるからこそ、善を理解することができます。進化のために、必要があって相対するものが用意されているのです。

一定の成長を遂げれば、そうしたものは必要なくなり、消えていくでしょう。

では、正義について考えてみましょう。

この地上に正義が無くなったら、まさに暗黒の世界になります。人々の心に生き続ける正義感があればこそ、心が癒され慰められ、元気づけられるのです。

しかし、この正義感が戦争を防いでくれるかというと、そうではありません。むしろ逆です。自分の正義感から相手を裁いてしまうからです。相手のミスや過失を徹底的に暴き、正義の名のもとに相手を攻撃するのです。

中世ヨーロッパでおこなわれた魔女狩りも、クリスチャンの狭い正義感がもたらしたものといえます。悪を憎みすぎる正義は、相手を殺してしまうのです。

正義を愛することは大切です。しかし、自分の正義感で相手を裁いたとき、世界は混乱してしまいます。「正義」を愛するのは自分の心だけであるべきで、他人に求めるものではありません。求める正義は、自分に対してでなければならないのです。

正義を愛する気持ちは、自分に向けるものであるということです。

悪を放置していては、社会は向上しません。かといって、些細なことを取り上げてあげつらうようでは、苦しみを生むだけです。寛容な心と中庸の精神を持たなくてはなりません。寛容な心で悪を修正していくのが、これからの課題です。悪を全滅させようとするのは、闘争を招くだけで、永久に平和な社会は到来しません。

悪を抱擁していく度量が必要なのです。それがどこまでできるかは、進化の段階によって変わります。

洗脳に対抗する

あなたは、学校で習ったことは真実だと考えているでしょう。

たとえば、エジプトのピラミッドは、王が奴隷を使い、巨石を引きあげてつくったものだといいます。百科事典にそのように書いてありますが、はたしてそれは事実でしょうか。

地球人類は、宇宙でもっとも進化した存在でしょうか。

もっと進化した惑星から異星人が飛来してきている事実を、なぜ認められないでいるのでしょうか。何万光年も遠い星から来られるはずがないという常識に縛られているからです。次元の壁を越えれば距離は無関係になるのですが、人類はそのことを知りません。

知識や常識を、絶対のものだと思わされているのです。

国民を洗脳するために、故意に事実と異なることを教えている場合もあります。人類は猿から進化したという進化論がそうです。人間は神ではなく動物であると思わせるための洗脳です。


また、日本には天皇制があります。その起源は今から二千七百年ほど前に、神武天皇から始まったとされていますが、これも事実ではありません。

実際は、もっと昔にさかのぼります。イザナギ・イザナミの時代が延々と続いたのです。その世襲天皇の座を力づくで奪ったのが、後の神武天皇です。

イザナギ直系のアマテル天皇から数えて七代目のニギハヤヒ天皇の時代、九州から熊野経由で攻め上った神武勢力に強要され、戦わずに天皇の座を譲ったのです。それ以来、日本では神武勢力が天皇制度を支配しています。

天皇と王の違いは、武力で支配するか、人徳で支配するかの違いにあります。武力で戦えば、勝利しても王になってしまうのです。

神武勢力は、それまでの歴史の真実を隠蔽する意味もあって、八世紀はじめに古事記・日本書紀を漢文で編纂しました。これが日本最古の文献だといわれていますが、そうではありません。日本にはれっきとした神代文字があります。それを知っていた人もいました。伊勢神宮に奉納された源頼朝の起請文は、神代文字で書かれています。その文字を読める人は、現代ではほとんどいません。それを伝えるべき文献は、権力によって偽書とされ、忘れ去られたのです。

マスコミをはじめとするメディアは、国民を洗脳する役割を果たしていますから、気をつけなければなりません。こうしたことにはすべてお金と権力が絡んでいます。収入を得るために、出資者の意向に従う必要があるからです。彼らに都合の悪い情報は正しく知らされません。

自分の知識や常識が正しいかどうか、疑ってかかることが大事です。

国連やWHOなどの国際機関が、人類の平和や健康福祉を推進する機関であると考えるのも、間違っています。「ワールド」とか、「インターナショナル」とかの言葉が頭についている世界的機関はすべて、次章で述べる陰の世界権力の強い影響下にあります。

ニュースは公平で、真実に近い報道であると思いますか？　権力に有利なように少なからず放送を操作しているのです。そのまま信用するのはきわめて危険です。間違った情報を真実と思い込んでしまったら、その後の判断力を狂わされるからです。すべての権威あるものは、疑ってかかる方が間違いがありません。

権力の言いなりにならずに、真実を知ろうとする姿勢は、きわめて重要です。婦人参政権に寄与した故市川房江さんは「国民は真実を知る義務がある」と言いました。けだし名言で、政治問題だけでなく、すべての真実を知ろうとするのは、それぞれの義務なのです。

世界を支配する「陰（闇）の権力」

世界を支配しているのは、アメリカ大統領でも一国の総理でもありません。先進国の首脳陣は、ピエロのようにシナリオに従って動いているに過ぎません。裏で彼らを操る勢力があるのです。

陰（闇）の世界権力です。表舞台の政治には登場せずに、陰で政治家に指示を出し、世界を思い通りに動かしています。

この権力集団は超富裕者で構成されており、古い王室ともつながっています。

彼らが密かに所属する秘密結社が、強大な力を持っています。フリーメーソンとか、イルミナティと呼ばれる組織です。霊的な力を背景に、見えざる世界から悪神や悪魔までが支援しているといわれますが、いまだに謎に包まれたままです。

秘密結社に属した人々の思い通りの世界がつくられつつある背景には、人間を超えた霊力の存在があるようです。彼らは、表向きは霊的世界を否定し、唯物主義を主張しますが、自らは霊的世界をこっそり活用しているのです。

霊的世界の存在を知っているのに、残念ながら光の神に背を向けています。

彼らが信じるのは悪魔です。悪魔を信仰し、黒ミサなどの儀式をおこないます。願うことは、「世界を自分たちの思い通りにしたい」ということです。

儀式では、幼い子供を生贄として捧げます。信じられないような話ですが、西欧では幼児の行方不明事件が頻繁に起きています。いったん行方不明になれば、けっして生還することはありません。目的がお金ではないからです。

他にも、ビルダーバーグ、CFR、三百人委員会などのさまざまな組織があります。これらの参加者や会議の内容が明かされることはありません。すべて秘密裏におこなわれます。これらの組織の意向により、アメリカ大統領などが選ばれるのです。

日本もその影響下から逃れられません。たとえば、マイナンバー制度がそうで、国民の福祉を平等に実施するためだとか、表向きの宣伝では伝えられていますが、この制度はそもそも日本政府が考えたものではありません。陰の権力による世界戦略「人類奴隷化計画」の一環なのです。すべての国民を、刑務所の囚人のように番号で管理しようとする計画です。

これは、世界各国すべての住民が対象です。世界の住民をコンピューターで管理する計画です。

日本人の人口は一億三千万人弱ですが、今や減少傾向にあります。その日本人を番号で管理するなら、億の単位まであれば充分ではないでしょうか。その場合は、番号は九桁あればいいことになります。

ですが、マイナンバーの桁数は十二桁です。一千億人分用意されていることになります。この番号は世界共通で、人類を網羅するものなのです。

マイナンバーカードは、まだほとんど使われていませんが、いずれ現金に代わってカード決済が主流になり、旅券を購入したり、書籍を購入したり、音楽、映画、芝居を観戦したり、それらのショッピングがカードにより決済され、記録されていきます。思想信条、趣味嗜好まで監視下に置かれていきます。このカードは、ＩＣチップとして、最終的には額など体内に埋め込んでいく計画です。まさに、人類を家畜化していくのです。政府がその代行をおこないます。

このように、政治、経済、科学、宗教、教育、メディアなどあらゆる分野で、陰の力が働いており、着々と最終段階に進んでいます。

何も知らないのは、大多数の国民なのです。

格差社会――悪魔の意図

世界の格差は、もはや修復不可能なまでに進んでいます。

格差のもっとも大きい国はアメリカです。子供の貧困率は、アメリカが世界ワースト一です。イタリア、スペインに次いで、日本は世界ワースト四位です。資本主義は完全に行き詰まっています。

アメリカの貧困は年々進んでおり、ホームレスが日本の百倍もいるといいます。しかし、こうしたアメリカの実態を、日本のメディアは知らせません。アメリカを日本の目指す目標として、力のある国のように見せかけておきたいからです。

産業革命以降、もっとも資本主義の進んだアメリカでさえ、貧富の差を拡大させ、ごく一部の富裕者と大多数の貧困者を量産しました。豊かな夢の国というアメリカのイメージは、今や夢物語にすぎません。

アメリカの姿は、やがて後を追いかける日本の姿でもあるのです。

先進国だけを対象にしても、一パーセントの富裕者と九九パーセントの貧困者に分かれ、富裕者の資産を三兆円とすれば、その他大勢の人々の資産は五万円に過ぎないというデータもあります。

このような格差が拡大した背景には、グローバリズムがあります。規制を撤廃して、国境がない状態にすれば、豊かな国を目指して移民が流入します。彼らは、職を得るために安い賃金でも受け入れます。そうなれば、今までの勤労者の賃金にも影響が及んできます。

また、賃金の安い地域に工場を設ける資本家が増え、同じように自国の勤労者の賃金に影響を与えるのです。結果的に資本家は労働力を安く入手して莫大な利益を得て、労働者の賃金は下がるばかりとなって、格差が拡大していきました。

経済的な格差ばかりではありません。付随して、教育格差、医療格差などがあらわれてきます。所得が少なければ、教育も受けられず、病気になっても満足な治療も受けられないのです。

お金に群がるかぎり、世のなかの矛盾は改善されません。

オリンピックをはじめ、あらゆるスポーツにおいて、勝者に大金を与える仕組みは、なにをもたらすでしょうか。競争意識です。手段を選ばずに、勝つことだけが目的になります。負けた方には、負のエネルギーが溜まります。お互いを競わせることが狙いなのです。こうしたなかでは、協調心や助け合う機運は生まれません。

勝つことがすべてになります。勝者と敗者のあいだに格差が生まれるのです。格差をつくり出して、世のなかを不安定にするのが戦略であり、スポーツもその一翼を担っているのです。

格差社会は悪魔の狙いどおりの社会です。現実の欲望を募らせ、競争して勝つことに生き甲斐を見出し、敗者をいたわる心を忘れて、我良しの生活を目指しているのです。

神の望まれる世界と完全に逆行しています。神の望む世界は、みんなが生き生きと楽しく、自分の個性にあった仕事をしながら全体に奉仕し、それを喜びとして生きる社会です。思いやり、分かちあい、励ましあい、慰めあう社会です。

愛が満ち溢れている世界を神にかわって実現するのが人間の使命のはずです。しかし、それを実現できているでしょうか。

職場に無能な人がいたとして、その人を疎ましく思ってはいないでしょうか。この人さえいなければもっと効率が上がるのに、と思ったことはありませんか。

その人のマイナスをみんなでカバーして、がんばろうとすることは、今の社会では難しいことです。そういうふうに仕向けられているからです。

能力の劣る者を排除するという思想は、やがて自分の気に入らない者を排除する姿勢になります。人種差別も同じことです。

つまり、敵を許さず、認めず、排除するという思いは、最後には戦争につながります。競争心、独占欲、セクショナリズム、ナショナリズム、これらの行き着く先に、神の世界はありません。

私たちは、この地上に創造主の意図される世界をつくるため、努力しなければなりません。自我心でつくられる世界は、闇の世界です。

格差の是正—神の意志

ありとあらゆる格差は、自然発生的に起きたものではありません。世界権力によって意図的につくられた格差を是正することが、人類の平和と幸福を得るための手段です。

精神的な幸福論をいくら論じても、格差を現状のままに放置しておいては、人々の幸せはありません。そのことに気づき、格差の是正に本気になって取り組まなければなりません。志のある人々は、格差是正を人生目標に掲げる必要があります。

そのためには、自分自身をなるべく優先させず、全体の利益を優先させる生き方を身につけなければなりません。

難しいことです。普通は自分が優先順位の一番で、自分の次は家族や、自分が愛する人たちです。その他の人々は邪魔な競争相手になります。しかし、このような考え方に踏みとどまっているかぎり、今の社会の状況を変えることはできないのです。

格差のある社会で、勝ち組になり、気持ちよい生活ができる人は、現状を変えようとは思わないでしょう。ですが、自分たちだけが恵まれた生活をしていたのでは、心が満たされることはありません。心からの安らぎや喜びを得るためにはなにをすればいいのか、それを知った人々から、世界は変わっていきます。

過度な競争や奪いあい、独り占めを許す社会では安らぎは得られません。

人間は、諦めるために生まれてきたのではありません。誰にとっても幸せな社会を築くために生まれてきたのです。

しかし、この仕組まれた格差の是正は、並大抵のことではありません。世界の富裕者、権力者とされる人々が、貧しい人々に与えるとか、分かちあう心を持っていないのです。

格差をなくして平和な社会を実現しようとする人々が、世界のリーダーのなかにいないのです。「自分たちだけが良ければいい」という思想から脱却できないでいます。

宇宙創造の意志を無視して神に反抗し、悪の世界を築き上げることに熱中しているのです。

現状、彼らが完全に勝利したように見えます。世界は彼らの思い通りに進行し、紛争や戦争がたえない姿は、光の神に打ち勝ってほくそ笑んでいる悪魔の姿のようです。

こうした状況のなか、『日月神示』で示された「世の立替え」「立て直し」の到来が、心ある人々には最後の光であり、希望として期待されています。光の神々が深く関与されているからです。

立替え、立て直しとは、別の言葉であらわすと、「アセンション」を意味するのでしょう。アセンションについては、後述します。地球がすばらしい世界に変容することを意味していますが、そのとき、すさまじい天変地異が人類を襲うことになります。

今のような極端な格差社会を人類の力で是正できないのであれば、残る希望は、この世界がいったん跡形もなく消えることに期待しなければならなくなります。ですが、希望を失ってはいけません。

日本人の役割

「人間の役割」として、創造主の分け御霊を持つ人間が、創造主になにを期待されているかについて述べました。

そのなかでも、日本人に対する宇宙の期待はとても大きいものです。地球人類の代表は日本人なのです。

そういわれても、実感を持つことは難しいかもしれません。大戦後、日本人はアメリカに頭があがりません。政治から経済までアメリカのいいなりになっていると言っても過言ではないでしょう。そんななかで、日本人は宇宙創造の神から最も期待されているといわれても信じられないでしょう。

創造主が地球を創造されたとき、まず日本列島を創造し、それをひな形にして世界の陸地をつくったといわれます。北海道は北アメリカ大陸、四国はオーストラリア、九州はアフリカ、本州はアジア大陸といった具合です。地球人がスタートしたのは日本列島からでした。

出口王仁三郎氏が昭和の初期に書かれた『霊界物語』には、三十万年前の日本の姿が出てきます。そこには、今と同じような日本列島が描かれていますが、その後ムー大陸やアトランティス大陸が海底に没し、ノアの洪水が起きたことになっています。

その時期は、今から一万四千年前とも、一万二千年前ともいわれていますが、その時に日本列島が影響を受けなかったのかどうか、定かではありません。しかし、現在の五大陸が、日本列島をひな形にしてつくられているのですから、五大陸が完成する前には列島が現在の形で存在していたのでしょう。

その後、歴史は下り、天皇が世界各地を十六方位に分けて、各地に皇子を派遣して統治したのです。アダムイブヒとか、ヨハネスブルク、アジアシャムバンコクムス、アフリエジプト、オストリオセアランドといった名前、地名が今も世界各地に残っていますが、これらはそのときの皇子の名前です。

天皇家の紋章が十六菊花紋であるのは当時の名残であり、今も日本だけでなく欧州各地にその紋章が残っています。

日本列島に人類の始祖が誕生したのは七百二十万年前だと神の世界から知らされていますが、その後、地球が彗星の衝突などからポールシフトを経験し、新しい大陸の形ができ、その段階で列島に降ろされた人間が日本人の先祖です。

それから時代が下ると共に、西へ西へと広がっていきました。メソポタミヤ文明（女祖穂多宮）も、日本人が起源です。チグリス、ユーフラテス川の三角州のデルタ地帯を、女性のほぞのように見たてて名づけられました。

また、アリューシャン列島からアラスカ、北アメリカ、南米、オーストラリアまで移動していったと考えられます。ネイティブアメリカンの先祖も日本人が関係しており、今でも「あっち」「こっち」「あんじ」「じょこう」などの日本語が残っています。ミズリー、カンザス、イリノイなどの地名も、日本語からきています。水売り、かんざし、入りの江などがその語源です。

一九六五年、南米エクアドルの地下都市がハンガリーの探検家ファン・モーリスによって発見されましたが、そこへスイスのベストセラー作家デニケンが潜入して見つけた黄金版の碑文に、謎の文字が書かれていました。世界中の学者が解読を試みたものの、成功せず、進化した異星人の文字ではないかといわれていたのです。

その文字を、日本の探検家、高橋良典氏が解読に成功しました。それは、異星人のものなどではなく、日本の古代文字である神代文字だったのです。

こうした驚異的な事実を、多くの日本人は知らないでいます。知らせない力が働いているといえるかもしれません。

この碑文は、現代日本人でも理解できる内容であり、ユダヤ人の祖先と日本人の祖先が同じだとわかる内容です。

さらに、今でいうＵＦＯ、当時の言葉では「ヴィマナ」と呼ばれる空挺が存在したこともわかっています。日本の天皇がこれに乗って、世界各地を移動していたのでしょう。皇という文字も、天皇が空挺に乗っているイメージからきているといわれています。

その碑文の解読された言葉を、参考までに記しておきます。

「コレナル　キンノイタニ　イサクトヨセフシルス　ココニワガクルノタカラアツメシメ　ノチノヨニツタヘテ　イシスエ（礎）タラシメム　ヤハウエヲ　ワレラノカムイトアガメヨ」

古代イスラエルの都があったサマリアは、もともとはカルクー、クルクーと呼ばれていました。クーは国をあらわすので、カルクーは「カラ族の国」、クルクーは「クル族の国」となります。

これは日本人とユダヤ人であり、両者は兄弟民族だったのです。

ヘブライ人とは、「日経《ふ》る民」からきています。

なぜこんなことを列挙するのかというと、日本という国が、いかに地球の歴史を導いてきたかを知ってほしいからです。創造主が「日本人は地球人の代表」だとして期待される、その意味を知ってほしいのです。

カテゴリー九の惑星、ティアウーヴァ星から派遣されたモーゼが、エジプトの奴隷となっていたユダヤの民をもっとも進化した人種として選び、シナイ半島へ脱出させる物語は、旧約聖書に書かれています。このユダヤ人たちは、当時の地球の「選民」として選ばれたのです。

やがてダビデ王の時代に、ユダヤ十二部族は統一され、ソロモンの時代を迎えます。ソロモンの死後は南北に分裂し、サマリアを首都とする十部族は北イスラエル国、エルサレムを首都とする二部族は南王国ユダに分かれます。北王国は紀元前七二二年にアッシリアに滅ぼされ、指導者層は虜囚としてアッシリアに連行されるのですが、残された十部族はいつしか行方知れずとなり、歴史から姿を消しました。

南王国ユダは紀元前五八六年にバビロニアに滅ぼされ、指導者層はバビロンに連行され捕囚となりますが、その後ペルシャに解放され、イスラエルへ戻り、エルサレム神殿が復活します。

北イスラエル国の十部族がどこへ消えたのかは、いまだに世界の謎とされていますが、彼らは日本列島に辿り着いているのです。日本人の祖先には、このユダヤ人がたくさん混じっています。すなわち、聖書に選民として書かれている民族は、ユダヤ人でもあり日本人でもあるのです。

イエス・キリストはユダヤ人ですが、現在世界を支配している白人ユダヤ人は「アシュケナジー」と呼ばれ、本当のユダヤ人ではありません。

かつて七世紀から十世紀にかけて実在したカザール王国が、周囲のキリスト教国、イスラム教国から改宗を迫られ、結局彼らはユダヤ教を国教に採用し、自らをユダヤ人と名乗ったのです。彼らはその後、世界各地に散らばっていきました。

ソロモンの秘宝は、十戒の刻まれた石版とアーロンの杖、マナの壺といわれていますが、これはすべて形を変えて、伊勢神宮に三種の神器として伝わっています。契約の棺が日本のお神輿に酷似しているところからも、ユダヤと日本の深いつながりが暗示されているといえます。

古い童謡に歌われている「エッササ、ホイサッサ」や、相撲の「ハッケヨイ」や、お祭りの掛け声である「ワッショッショイ」などの言葉は、日本では意味をなしませんが、ヘブライ語として解釈すれば、しっかりとした意味があります。

伊勢神宮内宮の参道に設置されている石灯篭に、ダビデ紋が刻まれているのも偶然ではありません。

アメリカの属国のようになって、卑屈に指示に従う姿は、日本人の本来の姿ではありません。地球人の代表という自覚が必要です。

天皇は、ヨーロッパの王のように、武力や権力で人民を支配する存在ではありません。創造の神と直結した、神の意図を地上にあらわしていく、徳の高い存在なのです。現代ではすっかり忘れ去られていますが、天皇とは、天の意志を人類につなぐ役割を持っていたのです。

これらのことからも、平和を実現する役割は日本人にあるといえます。

政治を変える勇気

日本だけでなく、世界を平和で誰もが住みやすい環境に変えていくには、政治を変えることがもっとも効果的なのですが、今はこの政治を変えることがもっとも困難な状況にあります。

「世界で一番貧しい大統領」という子供向けの本で有名な南米の小さな国、ウルグアイの前大統領・ホセ・ムヒカ氏が二〇一六年に来日し、各地で引っ張りだこになりました。ウルグアイは、日本の半分ほどの国土に三五〇万人弱の国民が住んでいる小さな国です。

彼は、若い頃世の中を変えたいと願い、キューバでカストロに教えを乞い、「改革には、デモなんかおこなうより一発の銃弾が世のなかを変える」と聞いて、ゲリラ活動に参加します。捕まって投獄されては脱獄を繰り返していたのですが、ついに国は軍隊を導入して彼を捕獲し、拷問にかけたのです。

命が助かったのが不思議なくらいひどい拷問を受け、その後、十三年間以上も刑務所の独房で過ごしました。質素な食事と壮絶な孤独との戦いでした。彼を助けたのは、差し入れを許された科学雑誌でした。それと、ゲリラ活動中に知り合った女性と文通することで生き長らえることができました。

やがて政変により釈放され、それまでの体験から彼は大きく考えを変えます。そして下院議員から農政、水産相を経て、大統領に就任するのです。

公邸には住まず、報酬の九割を慈善団体に寄付していました。四人仲間から二名が閣僚になりました。

では、彼はどのように考えを変えたのか。

それは、世のなかを変えるために暴力を使うことは、なにももたらさないということです。そうした考えのもと、彼は自分を拷問にかけた人々を恨まず、許したのです。

また彼は、人は一人では生きられない、生きる意味がないことを知りました。仲間がまわりにいて、喜びを共有することが幸せの根本であることを知ったのです。

お金は必要であるけれど、必要以上のお金を持つと、それを失いたくないという恐怖を持つのが人間であることを発見します。先進国の多くの人々は、お金に対する恐怖心で、お金を求めて生きていると彼は言います。

日本人の生活は、今や足ることを知らず、不足感にさいなまれ、どれだけ働いても、どれだけ時間を費やしても満足できない状態に置かれているのです。お金があっても、欲しいものがどんどんと増え続ければ、お金も不足し、心はいつまでも満たされないのです。

ムヒカ氏は「貧乏とは、少ししか持っていないことでなく、無限に多くを必要とし、もっともっと欲しがることである」と言っています。

ムヒカ氏は、日本の現状について、「日本人は足ることを忘れている」と言いました。「太陽に感謝している人がいるだろうか」と言いました。「日本では今や、老人が孤独に苦しんでいる。この多くの老人たちを、どうして政治は助けないのか」と言いました。「孤独な老人を集めて、一緒に暮らせる場をどうしてつくらないのか。そのために税金があるはずだ」と言いました。憲法解釈を変えて安保法を変えたことについて、「日本が先走って大きな過ちを犯していると思う」とコメントしました。

国民は、どうして本気になって政治を変えようとは思わないのか。肉体は若くても、魂が老いている若者が多い。なぜ行動しないのか、なにかをはじめる勇気を持って欲しい。政治家の関心は、お金に向いている。お金持ちになることが政治家の報酬ではない。お金よりもっと価値あるもの、それは国民の満足と感謝による名声であるとも語りました。

多くの人々は、命を躍動させる生き方をしていない。どんな時に命が躍動するのか。それは、多くの国民が喜ぶ社会に変えるための行動をした時である。状況が厳しければ厳しいほど、命は躍動すると語りました。まるで、肉体を持った創造主が語っておられるようでした。

筆者は考えます。世のなかを誰もが住みやすいものにしたいと考えている人は多いはずです。しかし、誰もその方法がわからないのです。

デモに参加したり、賛同者が集まって組織をつくり、声明を発表したりして、政府の間違いを指摘したりしていますす。原発再稼働の間違いを、行政が認めなければ、裁判所に訴えたりしています。影響力の強いマスコミを使って、意見を述べる人もいます。多くの人たちに、真実を知らせたいという思いがあります。国民を正しい方向へ導く啓蒙活動は、貴重なものであり、暗い世のなかの救いでもありますが、ムヒカ氏の言われるように、究極的には政治を変えないかぎり、なにも変わらないのです。

一人ひとりが、日本の政治を変えようと本気で思わないかぎり、日本は変わりません。皆さんのお考えはどうでしょうか。


仲間と共に行動する。特に若者は、政治を変える意識を強く持って、なんらかの行動を起こす必要があります。その行動により、少しずつ世のなかが変わっていけば、大きな躍動感につながるのです。政治を変えるには、選挙しか方法はないのです。国民は、政治家の本当の姿を見抜く力を持たねばなりません。口先の言葉で、同情したり、寛大に許したりして投票を続けるようでは、政治は変わりません。

政治家に寛大であることは、美徳ではありません。世のなかを正し、平和な世界を構築することを妨害する行為になります。政治を変える行動は、宇宙創造主に対する行動でもあります。創造主がこの宇宙を創造された意志、意思を、少しでも満たすお手伝いをしたいと思えば、誰に投票したら有効かを洞察することができるのです。

政治を変える意欲のない人は、創造主の意志を知らない人々と言えるでしょう。すべての人間が、命が躍動するように生き、平和で幸福になることが、創造主の願いなのです。それを、肉体を持った人間が本気でおこなうことこそが、なによりの報恩の行為になるのです。

日本の政治家の堕落と質の低下は、目を覆うばかりです。吉田松陰は、門下生すべてに対して「あなたの志はなんですか?」と問いかけました。

政治家として選挙に立候補するなら、その時点で志を明らかにしなければなりません。それを明記して、当選したらその志を守るのです。守らない時は、次は立候補しないと誓うのです。

共産主義も社会主義も資本主義も失敗です。平等な社会を築けなかったのです。権力を集中させないためには、民主主義こそ最高の制度だと信じている人達がいますが、これもけっして理想的なものではありません。

民主主義もポピュリズムも、民衆の意見に基づいた政治が狙いですが、残念ながら大衆の意見がいつも正しいとは言えないのです。大衆は強烈なリーダーの扇動によって付和雷同し、ファシズムに突き進む弱点を持っているからです。感情に左右された民衆は、マイノリティと言われる社会的弱者や少数者の意見を無視するのです。少数者の中に、先見的な正しい意見がある可能性もあるのです。少数者を考慮しない社会、最悪の場合は、少数者を排除する社会が出来上がる可能性を秘めているのが民主主義なのです。

では、一体どうすればよいのでしょうか。どんな主義を掲げて、どんな体制をつくろうが、人類全体の理想には近づけないことが明らかになりつつあります。システムや体制をどのように理論づけても成功しません。結局は、人間の生き方、考え方を変える以外にないのです。この世だけがすべてだと考える視野では、解決策が出ません。この世は連続する宇宙の一断面であり、全体の中の一部の世界であると認識したうえですべてを考える以外にないのです。

打開策は一つです。国民が変わることです。自分中心に考えず、宇宙的視野をもって、社会全体を優先させる考え方にシフトするのです。

6 見えざる多次元の世界

人類の誤解

平和で、豊かな生活を目指して人類は努力してきたはずですが、実際には、人類の大多数は時間とお金に縛られ、テレビやスポーツ、ゲームなどの娯楽、アルコールなどで憂さ晴らしをしてすごしています。

自分自身のことや、家族の生活でせいいっぱいの人が多い状況ですから、国家や世界の情勢にまで心がまわる人はあまりいません。各地が紛争状態にあり、難民が押し寄せている状況にも無関心です。関心を持つ余裕がないのです。

朝から晩まで、夢遊病者のごとく働かされていると、それぞれの生活範囲内が自分の世界のすべてになっていきます。

見えざる多次元の世界があって、その一部としてこの三次元があるのだということにも、まったく考えが及ばなくなります。そうなれば、この世的な考えから脱却することができません。死んだら灰になり、無に帰して宇宙から消えると考えます。しかし、これこそ人類の大いなる誤解なのです。

これまで述べてきたように、肉体は灰になり消えたとしても、幽体（エーテル体）や魂は消えません。それは、厳然たる真実です。

私の会社時代の同期に、実に人徳があって仕事ができ、気心が合った友人がいました。退職後は、時々しか会えませんでしたが、彼は、死後の世界については無関心で、この種の話題からは、いつも距離を置いていました。

近況を賀状で報告し合っていたのですが、あるときの賀状に「心不全の治療で地域医療に取り組んでいます。昨年は病院でノイローゼ寸前までいきました」と書かれていました。しかし筆者は、豪快な性格の彼がノイローゼなどと、冗談だろうくらいに考えていました。

ところが、ある日から不思議な現象が起きはじめたのです。

なぜか私の入浴中にかぎり、お風呂の天井で異音が発生するのです。その音は言葉で表現できないような音でした。「今日は音がしないかな?」と思っていると、ビシッ、カタッ、コトッと音がします。不思議に思って「誰かいるのですか?」と心のなかで問いかけることもありました。

そんななか、彼が亡くなったと伝えられたのです。彼の八〇数キロあった肉体は、最後には五〇キロ弱にまで痩せ、手足をベッドに縛られて、体中に管を入れられていたことや、食事も鼻から管で取っていたこと、彼は我慢強く、一切苦しいと言わなかったことを知りました。

すると、その時から、お風呂の音がピタリと止んだのです。この現象は、彼が自分の死を知らせたくて起こしたのでしょうし、「死後のことについては無関心だったが、確かに死んでも自分はこうして生きている」と伝えるために起こしたのだと思われるのです。

彼の娘さんの知人に霊感の強い方がおられ、その方を通じて、後日彼が奥様に近況を伝えてきたと聞きましたが、それによると「自分はまだまだがんばれると思っていたが、これが寿命というものか。今はすごく楽になったから心配しないで。いつも笑っているから。仲間のみんなにも挨拶に行ったよ」というものでした。

死んだはずの親友は、身をもって、生き続けていることを証明してくれたのです。これだけの現象を起こせる力を、彼が持っていたということも実証してくれました。

筆者の体験をもうひとつ紹介しましょう。

まだ会社勤めをしていたころ、仕事で単身岡山へ出向き、百億円を超える大型工事の建設責任者を担当していました。そこでかけがえのない出会いが、いくつかありました。ある電気工事会社の支社長と縁ができて、彼の所属する会社に電気工事を発注することになったのです。

彼は工事が決定してからも頻繁に筆者を訪ねてくれて、親しくなっていきました。彼お気に入りの場所に泊りがけで招待してくれたり、ゴルフや食事、カラオケなどを共に楽しみました。

ある日、彼の自宅へ招かれた時のことです。広い庭園に佇む平屋建ての木造住宅は桧の香りがする真新しいもので、納屋を壊して最近新築したばかりだと、桧造りの立派な玄関門を自慢していました。奥様の手料理でもてなしてくれて、私の他に三人ほどが同席した楽しい時間でした。ほろ酔い機嫌で「死んであの世へ行っても、また会いたいね」と話したのを覚えています。

四年間におよんだ岡山の工事が終了し、私は岡山を離れましたが、その後、すぐに彼は大阪支店長になり、筆者を訪ねてくれました。しかし、それから半年ほど経ったある日、彼はゴルフの帰り道を運転中に急に苦しくなって、公衆電話で奥様に電話しながら急死したのでした。

その知らせを受けて、私はお通夜に向かいました。岡山から彼と親しかった二人の仲間と共にお通夜に参加し、午後八時ごろ、最後のお別れをしたのです。棺桶の中の彼は、顔が赤みがかって、まるで生きているかのように微笑んでいました。

仲間と二人で奥様に挨拶し、残りの一人を駐車場で待っていた時、奇跡が起きました。彼が自慢していた新築の玄関門の屋根に、一塊の白い煙が上がったのです。最初はなにが起きたのかわかりませんでしたが、煙は入道雲のようにモクモクと量を増していくのでした。

この現象を二人で目撃したのですが、あまりの煙の多さに、火事ではないかと車から降りて身構えるほどでした。しかし、火の気はまったくないのです。そのうちに、煙というか、雲の塊は、門から本宅の軒に移り、大きな生き物のようにゆっくりと移動していきました。

まるで龍のような形になって移動していく姿を眺めていると、本宅の端まで進んだ雲の塊は、あっという間もなく天に向かって消えていきました。

後は、何事も無かったかのような静けさが戻り、門の屋根にも異常はありません。二人で目撃したこの光景は、一体なんだったのか。私は、「はるばるよく駆けつけてくれた。迷わず成仏するので安心してくれ」というメッセージだと受け取りました。

後年、この話を霊能力のある方にお話したところ、「それは、あなたのそばへ生まれて行くというメッセージですね。思い当たることはありませんか?」と即座に言われました。計算してみると、彼の死後、一人の男の子が孫として生まれています。我が家から車で十分程度の距離に住んでいる孫が、彼の再生した姿なのかと考えると、愛おしくなります。孫は、まだ少年ですが感性が強く、花火を見たり、プラネタリウムの星空を見て「感動して涙が出た」などと言います。見えない世界の話にも興味を示します。

このように、人間の肉体は滅んでも、生命は永遠に生き続けるのです。意識を持った生命体は、焼いても消すことはできません。ただし、幽霊になって幽界からこの世に出てくるのは、本来の姿ではありません。人間は幽体を脱ぎ去って、遅かれ早かれ霊体となり、五次元以降の霊界へ赴かなければならないのです。

死後の世界

人がもっとも恐れるものは、自らの死です。

それなのに、思い悩んで自ら死を選ぶ人が、年間三万人を超えています。死ぬより恐ろしい世界が、この世にあるのかもしれません。

いつか死ぬと覚悟して生きている人は、少なからずいるでしょう。それでも、いざ癌だと告知されれば、なんとか助かりたいと思うものです。死を覚悟して受け入れることと、死にたくないという気持ちは、矛盾していません。

人間は死ぬとどうなるのでしょう。病院で息を引き取ると、幽体が肉体から離れて、そのまま病院に留まることが多いそうです。遺体は自宅か斎場まで運びますが、霊魂はすでに肉体から離れているため、亡骸と一緒には移動しません。遺体を十五度C程度に温めておくと、霊が肉体にとどまるそうで、その場合は、肉体と一緒に霊も移動することになります。通常、移動する時は「亡骸と一緒についてきてくださいね」と、亡くなった霊に言いきかせる必要があります。

死んだ本人は、家族が泣いていても感動はなく、淡々としているようです。肉体から離れていますから、今までの感動は無くなっているのです。賢明な霊は、次の世界へ行くことに心が向いています。

死後四十九日間は、霊がこの世に留まることが許されるそうですが、執着のない霊は、もっと早くに次の世界に行ってしまいます。

逆に、死んだらなにもかもが消えて無くなると考えている人が死ぬと、自分の死が悟れぬまま、迷い苦しみます。あの世の存在を信じないままで迷う人が多くなると、その波動の影響は、どうしても生き残った人間世界にあらわれます。迷う人が少なくなることが、生きている人間にも有意義なのです。

幽霊になって戻って来なければ、無事あの世に辿り着いたものと思われますが、戦国時代の霊が、いまだに鎧兜を着けたまま戦っている姿を霊視する人もいて、幽界に留まる霊は、時間の経過がないため、数百年も死んだ時と同じ状態で生き続けるようです。生きているあいだに苦しんで、死後も戦い続けているのは、まったくお気の毒と言うか、お疲れと言うか、哀れなことです。

死後の世界を含めた「宇宙の法則」を理解していれば、あの世で迷って幽霊になったり苦しむ心配はありません。

死後の世界がどうなっているかについて書かれた書籍は数かぎりなくあります。臨死体験した人々の情報を集めて、共通事項をまとめたものもあります。トンネルを抜けるとお花畑があり、その向こうに知人や縁者が手を振って出迎えてくれたなどの話もあります。案内されてある場所に着くと、縁者や友人に取り囲まれて、スクリーンで自分の今までの生涯を映像にして見るのだそうです。映像によっては、拍手喝さいを受ける場合と、お気の毒な生き方だと憐みを受ける場合があるといいます。

死んだら墓場へ行くと信じて死ぬと、その通りお墓がたくさん並んだ場所に行きます。特定の宗教を深く信じて死ぬと、信じた通りの場所へ行きます。自分と同じ信者が集まっています。地上と同じように、特定の神仏に祈りを捧げ、そこが教わった通りの天国だと信じていますが、そこは残念ながら幽界なのです。

基本的に、天国で永遠に暮らすという考え方も間違っています。それは、いかなる存在も、未来永劫進化していくという宇宙の摂理を考えれば、すぐにわかることです。

同じ天国に永久に留まっていて、はたして進化できるでしょうか。

人間が進化する存在であると知らなければ、幽界で長いあいだ暮らすことになります。

自分のいる場所が幽界であると気づき、さらなる上の世界を望むようになると、霊界へ行きます。霊界とは、いわゆる天国ですが、すんなりとそこへ行く人はあまりいません。悟るまでのあいだ、幽界で長居するからです。

いわゆる三途の川の幅は、人によって感じ方が大きく異なります。小川程度に感じる人は、なんの苦もなく渡り切ります。深い大河のように感じる人は、なかなか渡れません。そうなると、三途の川の手前で、思案に暮れて小石を積み上げたりして時間をつぶします。川を渡れないので、なぜ渡れないのかを思案しているのです。川幅が広いからでしょうか。そうではありません。

心に執着する品物を持ち過ぎているから、身体が重すぎて渡れないのです。お金や金銀の財宝、名誉、名声、他人の評価を捨てられずに、ぐずぐずと思案しているのです。

それらをすべて捨てて、裸一貫になれば、すんなりと渡れるのに、それがわかりません。自ら悟るまで、無為に時間をすごすことになります。

肉体のあるこの世で捨てる訓練をしないままだと、そうなります。なんでも独り占めし、他人に与えることを学ばなかったのです。財産やお金を他人に与えることが、命を削るよりも苦痛だったのでしょう。その思いが、あの世でも続いているのです。

「与えよ、捨てよ！」というのは、あの世をスムーズに進むための大事なキャッチフレーズです。捨てる訓練、与える訓練をしておきたいものです。

お金を稼ぐことに罪悪感を持つ必要はありません。いつかは捨てる、与えるという覚悟をしながら、どんどん稼げばいいのです。そうできたなら、どれだけ稼いでも、心は軽くいられます。貪欲になることはありません。なにしろ、捨てるために稼ぐのですから。

多くの人はこの部分を勘違いしています。貯めるため、増やすためを目的にしていては、心は執着で苦しむことになります。

死んでから考えを変えようと思っていても、そううまくはいきません。生きているあいだに考えを変え、行動に移し、試しておかなければなりません。

死後、肉体は幽体となり、四次元の幽界へ行きます。

肉体が無くなっても、自分の幽体と心はそのままの状態が続きます。死後はまず幽界へ行き、やがて霊体になって霊界へ行く人と、幽体のまま幽界に留まる人に分かれます。

今、地球はアセンションに向かっています。アセンションが起こると、四次元幽界は消滅するといわれています。今でも、その空間はどんどん小さくなっています。幽界にいる人々は、居場所を失いつつあるのです。

そうした人々が苦しくなって、この世の人々に憑依するという話は、すでにお伝えしました。死んだら仏になると言われたりもしますが、人間はそんなに簡単に仏にはなれません。生きていたままの自分が存在するだけです。幽体がそっくり肉体と同じようにあるので、肉体がないことに気づかない人もいます。

地上での心の癖や考え方、カルマもそのままであり、心の状況によって、次の世界が決まります。

生まれ変わる時には、霊体が分身して、新しい肉体に宿ります。そのときの霊体が、そっくりそのまま生まれ変わってくるわけではないのです。生まれ変わりを考えるとき、自分の霊体がそのまま再度新しい肉体に宿るのであれば、霊界には誰も居ないことになりますが、実際にはそんなことはありません。

たとえば、空海はこの世に生まれ変わっていますが、あの世にも霊体としての空海はおられ、話をすることができるのです。

そうすると、百回生まれ変わりを体験した人は、百人の分身が存在することになります。こうした仕組みは、まだまだ謎に包まれています。

いずれにしても、これから死を迎える私たちにとって、未知の世界が待っているのです。そこへ行って、新しい体験をするわけですが、心は今のままですから、心の波動を精妙にする努力は、死ぬまで欠かせません。波動のレベルによって、死後の世界が決まるからです。

たとえ生きざまが悪くて、地獄界へ行こうとも、諦めずに真理を悟れば、必ず救われます。永久に地獄に留まるわけではありません。

カルマの清算を果たすために、苦しんで生きる人々をお釈迦様は見通されました。天眼通をお持ちでした。

人間が次も人間として生まれてくる保証はありません。

地獄、餓鬼、畜生、修羅、人間、天という段階を輪廻する姿を「六道輪廻」といいます。人間は進化を果たして「天」へ赴こうとしますが、退化して地獄へ戻り、餓鬼、畜生など動物に姿を変えられてしまうこともあります。そうすると、また何度も生まれ変わって進化していかなくてはなりません。

せっかく人間にまで進化しておきながら、再び地獄へ舞い戻り、畜生などからやり直す愚かな存在があるということを、お釈迦様は「六道輪廻」として教えられたのです。それを繰り返しながらも、誰もがいつか根源の神の元へ還っていくのです。

宗教の功罪

人類は宗教と共に生きてきました。本来の意味での「宗教」を説いた人物はいませんが、人が生きるうえでの教えを説いた方はおられます。モーゼ、仏陀、イエス・キリスト、マホメットなどが代表的な方々でしょう。その教えを聞いた人々が、自分たちの都合の良いように解釈して、宗教をつくりあげてきたのです。

宗教が本当に正しいものであるなら、今ごろは世界の平和が実現しているはずですが、モーゼから三千二百年以上、イエスから二千年以上経過した現在においても、世界は戦争を続けています。

聖人が説いた教えと、宗教が同じでないことを示しています。

モーゼが授かった「十戒」のなかでも「汝、殺すなかれ」の戒めは有名です。当時は他人をすぐ殺す人々が多かったのでしょう。自分の都合で他人を殺すべきでないと教えられて、三千年以上が過ぎました。人類は、この戒めをマスターできたでしょうか。

日本でさえ、自分の肉親を殺したり、罪のない幼児を殺したり、殺人事件が報道されない日はないほどです。三千年間、人間はなにをしていたのでしょう。

世界には多くの宗教があります。日本だけをとっても、何千という数になります。これだけの独立した宗教法人があるとは信じられないほどです。

聖徳太子の時代に日本に入ってきたとされる仏教は、それまで日本の主流であった神道に勝る勢いで日本に広がりました。

空海の説いた真言宗、最澄が説いた天台宗をはじめ、鎌倉時代には法然の浄土宗、親鸞の浄土真宗、日蓮の説いた日蓮宗、道元が説いた曹洞宗などが、今も生き続けています。

古い宗教は、形式的になったり、葬式用の宗教として形骸化していますが、戦前戦後に生まれたような比較的新しい新興宗教は、信者を増やすべく今でも活動しています。

従来の宗教は、心の安らぎや悟りにつながる教えが中心でしたが、新興宗教では、現世利益《げんせいりやく》が中心になっています。現世で生きる厳しさを和らげるために、来世の幸せを祈るだけでは、飽き足りない人々が増えたからです。そういう宗教では、信じれば生活が安定し、有利な生き方ができるとされます。

安定した生活を求めはじめると、社会的に強い立場が必要と考えるようになり、権力を求めるようになっていきます。教祖やリーダーが権力志向になれば、政治に介入するようになります。戦後急発展した創価学会などは、もはや権力を求める宗教に変質しています。裁判所、警察などにも影響力を持ち、多くの芸能人を信者に抱えています。

幸福の科学は、創価学会をモデルに、同じように権力を求めて、選挙のたびに立候補者を擁立しています。ものみの塔やモルモン教、統一教会は、陰の世界的支配者であるロスチャイルドと深い関係を持っているといわれています。

仏教が伝えられる前から、日本には、天皇を中心とした神道がありました。天皇が天の教えを受け取って、国民に伝える役割でしたから、それが宗教的な力を持つのは当然でした。神道は、紆余曲折を経て、現在は神社本庁により管理されています。

一九六九年に神社本庁の関係団体として「神道政治連盟」が結成され、今日に至っていますが、安倍内閣閣僚二十四人中二十一人が、この組織に属しています。公明党からの入閣者は、当然創価学会所属です。こうして「政教分離」を掲げたまま、実際には政治と宗教が混然一体となってきているのです。

政治家や閣僚が神道政治連盟に所属しているからといって、彼らが神を信じているわけではありません。氏子として神社に所属する八千万人の有権者を、選挙の時に味方にしたいからというのが本音です。これも宗教の現世利益というものでしょうか。

岸信介氏が当初から関わったとされる宗教に、統一教会がありますが、この団体は、集団結婚や強引な勧誘が問題になったこともあります。

どの宗教も、どれが正しくどれが間違っていると言えるものではありませんが、宗教が政治に介入し、憲法を改正しようと動くのは正しい姿ではないでしょう。こうした動きは神社庁だけではありません。創価学会も幸福の科学も、憲法九条改定に前向きなのです。

二〇一七年三月、森友学園問題が国会を揺るがす事件に発展しました。森友学園が新たに小学校を新設するにあたり、国有地を時価の一割にも満たない格安で譲り受けたこと、土地が未購入であったにもかかわらず、大阪府が小学校の認可を与えたことが、「異常である」と、豊中市議が調べはじめたところから話が広がり、大きな問題になりました。

この幼稚園では、明治時代の教育勅語を園児に暗唱させ、運動会では全員に「安倍総理頑張れ」と叫ばせていました。この一風変わった教育方針を持つ学園を、なぜ大阪府までがバックアップしたのでしょうか。

この事件の背景には「日本会議」が深く関わっています。

日本会議とは、一九九七年五月に「日本を守る国民会議」と「日本を守る会」が統合してできたものです。ひと口で言うと、「美しい日本の再建と誇りある国づくりのために、政策提言と国民運動を推進する民間団体」です。

「悠久の歴史に育まれた伝統と文化を継承し、健全なる国民精神の興隆を期す。国の栄光と自主独立を保持し、国民各自がそのところを得る豊かで秩序ある社会の建設を目指す」などを綱領としています。

要するに、敗戦で自信をなくし、アメリカの言いなりになったままでいるのではなく、古来の伝統を重んじ、国家の自主独立を図ろうというのが狙いで、右翼的な思想が根底にあります。古来の伝統といえば、主権在民でなく、天皇を中心とした社会を意味しますが、この組織においては、天皇の心情を尊び尊敬していくというよりも、天皇を利用して権力を拡大していった戦前の軍部に憧れているといったほうが的を射ているかもしれません。当然、戦争放棄をうたう憲法九条を改め、戦争が可能な国家を目指しています。

なぜ、宗教の項目で、この日本会議を取り上げたかというと、実はこの日本会議の顧問や代表委員に、宗教関係者がたくさん含まれているのです。神宮大宮司、神社本庁統理、神社本庁総長、神道政治連盟会長、明治神宮宮司、熱田神宮宮司、靖国神社宮司、神宮少宮司、新生仏教教団最高顧問、念法真教燈主、比叡山延暦寺代表役員、モラロジー理事長、倫理研究所理事長、崇教真光教教主、黒住教教主、大和教団教主、解脱会法主、仏所護念会教団会長などなど、およそ役員の三分の一以上が宗教関係者です。ほかには、日本遺族会会長、元最高裁長官、茶道裏千家前家元、元東京都知事なども名を連ねています。

これほど大勢の宗教関係者が日本会議の思想を支持しているということは、彼らが帝国主義時代の日本を夢見て、最終的には戦争も辞さないという思想の持ち主であることを意味しています。

宗教が世界平和を達成できない現実は、こうした現象からも明らかです。今や宗教関係者ですら、アメリカやロシアと同じく、強い軍事力を持たないかぎり、国家の独立と世界の平和は維持できないと考えているのです。

この宇宙には、それを創造された存在があり、その存在の意志、意思、意図は明確なものです。公平な深い愛であり、完全な平和です。そこに軍事力は必要ありません。

日本会議の方針を支持する宗教団体は、明確に宇宙の意志と逆行しています。政治に介入する宗教は、宇宙の求めるものではありません。人類の平和に武器が必要だと考える団体は、創造主の意図や意志に反しています。

やがて権力が不要の時代が来るように、宗教の要らない時代がやってきます。宗教は本来の役割を終えるのです。宇宙の真実が不明の時代には、人々が生きるための道しるべとして機能してきた宗教ですが、人間の欲が作用して、変質してしまいました。宗教が権威や権力を背景にするようになったのです。

こうなっては、いかなる宗教も、宇宙の意志である「世界の平和」を実現できません。日本人の独立と誇りを取り戻すために、場合によっては戦争も辞さないという考え方は、宇宙の意志ではないのです。


宗教を勧誘するパンフレットに、どれだけ耳触りのいい言葉が書かれていても、その底に流れている波動が宇宙の意志と違っているのであれば、けっして近づくべきではありません。いかなる宗教にも、どこかに信者を洗脳する意図が混じっています。「洗脳なんてとんでもない。ただ真実を教えているだけだ」と主張する姿こそ、洗脳されている証かもしれません。そのまま時間が経つと、洗脳されている自分に気づくこともできなくなります。そこから抜け出すのは容易ではありません。

ある女優さんが、幸福の科学に出家するといって、芸能プロダクションに辞表を提出し、騒がれたことがありました。そのとき本人は、「自分の強い意志であり、けっして洗脳されたわけではない」と、コメントしていました。洗脳の意味がわからなかったのかもしれません。

自分が、これは間違いないと判断した教団には、自分と同じ波長を持った信者や仲間がいます。そこでは意見が対立することはなく、すぐ信頼感を持てるので、ますますその雰囲気にのみこまれていきます。

しかし、だからといってその教団に誤りがないからだと考えるべきではありません。「波長の法則」によって、違和感を覚えるような場所へは最初から行かないようになっているからです。なんらかの理由でその教団に足を向け、深入りしていくとすれば、それが自分の波長と合っているからです。そうなれば、他人がなんと言っても聞き入れません。気がすむまで深入りしていく以外にありません。

いつか気づくまでそのままでいるか、あるいは気づかないまま今世を終え、あの世でもまた同じ波長を持った者どうしで集まり、教団に所属した人々と一緒に暮らすことになるでしょう。

アセンションを迎えるこの時期に、新たに宗教の世界へ入って行こうとする人は少なくありません。神の世界から伝えられていることは、「外に神を求めるな」ということです。自分に内在する内座神と共に歩めと教えているのです。魂に内在する神とつながるのが難しいからといって、他に安心や安らぎを求めるのは、安易な行動です。

行動するべきは、自分が魂とつながる、内在する神とつながるように努力することです。

宇宙の神秘を学び、宇宙万物を創造された神を知り、自分がその分け御霊《みたま》、魂の子供であると知れば、これ以上の存在はないとわかるはずです。

自分が迷い、それに気づくまで宗教に深入りしていくのはしかたありません。しかし、やってはいけないのは、信者を増やそうとする行為です。自分の家族や友人、親しい人を仲間に引き入れようとする行為です。

宇宙の法では、お節介を禁じています。

親切とお節介は線引きが難しく、どこまでが親切で、どこからがお節介か、なかなか見分けられませんが、自分が気に入った宗教教団に仲間を引き入れようとするのは、間違いなくお節介です。

仲間と交わっていないと落ち着かない、仲間を増やしたい、なにかを拝んでいないと不安である、なにかに打ち込んでいたい、このような人が宗教を求めます。しかし、宇宙の意志は、長く続いてきた宗教の歴史を終わらせようとしているのです。

宗教では、人類は幸せにはなれませんでした。世界は平和になりませんでした。心に安らぎを得た人が少数いたところで、人類全体の魂の進化には貢献できなかったのです。むしろ、信者が自己満足することによって、宇宙全体の進化に関心がいかなくなる弊害までありました。

どんな宗教にも、宗教であるがゆえの問題点があります。なにかの教団に属すると、かならず義務感が生じることです。セミナーや集会に参加しなければならないとか、なにかをしないと落ち着かないという思いが湧いてきます。こうした思いは、創造主が与えた心の自由を制約し、縛っていきます。

なににも縛られない状況を逆に頼りなく思う人もいますし、戒律や規則が厳しいほどやりがいを感じる人もいるでしょう。今まではそれで良かったかもしれません。しかし、もう宗教から心を自立させる時なのです。他人の指示や暗示に従って生きるのを止めましょう。自分自身の自由な意思で生きましょう。

自己本位に自堕落に生きろというのではありません。内在する神に向き合って、意識をそちらへ向けていこうということです。

私たちが創造主からなにを期待されているか、もう一度よく思い出してください。世界の平和、みんなの平和、心の安らぎ、それらで満たされた地球を創造することを望まれていたはずです。

そのためになにをするべきかを、自分自身に問いかけてみてください。内座神に問いかけてください。

人生の使命を、今回の人生だけで果たせるとはかぎりません。何回かの人生が必要なのかもしれません。それでも、自分が真実に向き合い、信者だけの陶酔の世界に溺れずにいることが必要なのです。それが進化の道だからです。

7 真実にしたがって生きる

お金は人生の教材

理想の暮らしについて考えたことはありますか？　不安なく、心配もなく、今日一日を満足して生きる。こだわりも執着も、囚われもない生活。それでいて、今日やるべきことがあって、生き生きとそれをこなしている……そんな生活が理想です。

しかし、実際はそううまくはいきません。朝から天気が心配になり、出かける時になにを着ていこうかと思案する。体調が気になる。懐具合が気になる。

なにより、目的もなく生きるのは辛いものです。

たとえ目的を持っていても、それが自分の欲を満たすだけのものであったら、喜びにはつながりません。社会に役立つ生き方、他人を喜ばせる行為が生き甲斐になります。魂の喜びを感じられる時です。

ただ純粋に自分の好きなことをやるのも、楽しいでしょう。そこに気の合った仲間がいれば最高です。欲も得もなく、競争心も起きない世界で、おたがいに良さを認め合い、自分にないものを発見して感動するのです。

このような充実を得られた時、私たちは安らぎの空間にいるのです。こうした安らぎの空間を持てる人がどれだけいるでしょうか。まわりを見てみると、あまり多くないように感じます。

なぜ、安らぎを持てないのでしょう。政治が悪いからでしょうか？

たしかに、政治はなかなかよくなりません。政治家が国民に意識を向けず、自分たちの利得に熱中している社会ではなおさらです。そんな政治を嘆いても、なにも改善されません。だからといって、政治に無関心になってしまえば、世のなかはますます悪化していくばかりです。政治に関心を持ちながら、環境の悪さを政治のせいにしない生き方が理想です。

政治家の堕落も、もとをただせば、すべてがお金に絡んでいます。お金の不要な社会が来ればいちばん良いのですが、人間にはまだ乗り越えなければならない課題が残っているようです。人類は、お金の問題を卒業できていません。ゆえに、お金は人生の教材なのです。この教材を卒業できるまで、お金の社会は続きます。

お金が不要な社会なら、犯罪も減り、苦労する人、自殺する人も少なくなるでしょう。ですが、人類はその段階の修行に合格していないのです。

お金がないから苦しみます。場合によっては、お金があっても苦しみます。

囚われるのも、執着するのも、我良しになるのも、すべてお金が絡んでいます。お金がある人もない人も、お金で試され、学ぶのです。


現在、心に安らぎが得られない最大の問題は、お金の心配と健康の問題です。

末期がんなど宣告されたら、安らぎどころではありませんし、電気代も支払えないほどお金が不足したら、心穏やかではいられません。

お金と健康は、安らかに生きるための最低条件です。健康もまた、お金に関係する部分があります。サプリメントを飲んだり、食生活に気をつけるためには、お金が必要です。そう考えると、やはりある程度のお金を持つことが、現代を生きるうえで欠かせない条件になっていると感じます。

人類の今日の混迷は、すべてお金に起因しています。

政治や経済が正常に機能しないために、大きな所得格差が生まれ、一握りの大富豪と大多数の貧しい人々に分かれました。

寒風吹き荒れる中、路上や軒下で一夜を過ごす人もいれば、一泊百万円以上のホテルに泊まる人もいます。この馬鹿馬鹿しい差は、どこからくるのでしょうか。大金を稼いだ者は、その力を利用して、さらなる権力を買収し、権力によって政治を動かし、法律を自分たちに都合よいものに変えていきます。人間の欲につけ込んで、汚い手段を駆使し、健全な社会を変貌させていくのです。

庶民の対応は二つに分かれます。一つは、金持ちになろうとは思わず、慎ましく生きて、なんとか生涯を終えようとする人々です。お金を持つことを諦めて、意識をそちらに向けないのです。

もう一つは、なんとかして合法的に大金を手に入れようと行動する人々です。宝くじを欠かさず買い、株式や投機に走り、企業に投資するのです。金儲けに執念を燃やし、大金を得るために奔走します。

「必要なものは、必要な時に必要なだけ与えられる」という社会ができれば、犯罪や戦争は無くなります。神がもっとも嫌われる「我良し」の気持ちを卒業できれば、このような社会も可能です。そうなれば、人々の生き方も大きく変わることでしょう。

「我良し」の気持ちを卒業するため、お金に余裕がある人は、自分の周囲の人たちを喜ばせてあげたらどうでしょうか。相手を喜ばせれば徳が返ってきます。相手の進化に役立つ喜ばせ方が最高です。

人類は、最終的にお金の問題をクリアしなければなりません。お金を自分や他人を喜ばせる道具にするのです。お金をただ汚いもの、進化をさまたげるものと考えるべきではありません。使い方によって、自分を進化させるツールにもなるのです。

お金は、人生の教材です。お金を稼ぐ時とお金を使うとき、この二つのケースで試されます。どのようにして、他人に迷惑をかけずにお金を稼ぐのか。

どのようにして、得たお金を使って人生に生かすのか。

前にも少し触れましたが、お金に執着することと、お金に不自由しない環境をつくることは違います。一日も早くお金を卒業したいものです。

この世のすべては「夢」

この世の出来事は、すべてが夢のなかの出来事と同じです。これに気づいている人は、どれだけいるでしょうか。

「そんなことはない。一日は夢ではなく現実だ」そう考えるのが普通です。

借金をしても、夢であれば返さなくていい。罪を犯しても、人を殺しても、夢であれば裁かれることはありません。「なにもかもが夢である」という言いぐさは、ただ都合のいい詭弁ではないか、そう考える人も多いでしょう。

しかし、時間の経過によって人間の記憶はどんどんと不鮮明になっていきます。三十年、四十年、五十年と経過すると、それが現実だったのか、夢だったのか、識別できないくらいに記憶がぼんやりしてきます。当時の生き生きした感情、情熱は、どこにも残っていません。

真剣に誰かを愛した記憶も再現することはできません。憎悪、憎しみの感情も同じです。相手を殺してでも仕返ししたいと思っていても、再現できないくらい、弱々しくなっています。

感情を味わっていた時は現実だったでしょう。夢ではありませんでした。しかし、そのとき本気で悩み苦しんだ感情でも、時間がたてば、夢のなかの出来事のようにぼんやりとしか思い出せないのです。

「忘却とは忘れ去ることなり。忘れ得ずして忘れることの悲しさよ」とは、菊田一夫原作「君の名は」に出てくる名セリフです。時間の経過と忘却は比例しています。

人間が物事を忘却できるのは、神が与えた愛のたまものです。忘れることができなかったら、どれだけ苦しい人生になるでしょうか。忘れたい思い出も、苦しい記憶も忘れられなかったら、ずっと苦しい気持ちを抱えたまま生きることになってしまいます。

逆に、楽しい記憶をずっと持っていたいと思っても、それもかないません。すべてが薄れていくと考えると、人生の出来事はなにもかもが夢のなかの出来事のように感じるのではないでしょうか。

今までの自分の人生を振り返って、「すべてが夢だったのだ」と考えた時、なにが残るでしょうか。預金通帳の残高でしょうか。今ある住まい、家財道具でしょうか。愛する家族でしょうか。友人でしょうか。

残念ながら、これらはどれも変化していくものばかりです。肉体だけでなく、心もどんどん変化していきます。これは、相手の心だけではなく、自分の心もそうなのです。いつどのように変わっていくかわかりません。

「諸行無常」とは、このうつろいのことを指しています。

変化していくものに、心のよりどころを求めるのは間違っています。変化するものは、やがて消えていくものです。消えていくものは、よりどころとはなり得ません。

栄枯盛衰は世の習いです。いっとき隆盛しても、かならず衰退する時がやってきます。いいことも悪いことも、すべてつかの間の、一瞬の出来事です。喜びを永続させたいと願っても、かないません。それが三次元の世界に生きるということです。刹那の喜びしか得られないのです。

つまり、変化する対象にすべてを委ねてはいけないのです。変化するものは、すべて夢と同じです。変化していく現実に本当のものはありません。夢に執着して生涯を終えるのは馬鹿げています。

私たちは、夢のなかのようなとらえどころのない出来事を現実として、消えゆくものに執着しては悩み苦しみ、ぬか喜びを繰り返して生きているのではないでしょうか。楽しい夢を見ている人も、苦しい夢を見ている人も、やがて夢から目覚める時がやってくるのです。

三次元のこの世界は、時間に制約されています。時間は止まってくれません。苦しみを感じても、いつか夢として消えていくものです。それがわかれば、執着心が薄れ、囚われる心が小さくなります。心の負担が軽くなるのです。

もう一人の自分を想定してみてください。

その自分が、今の自分を眺めています。眺めている自分は夢ではありません。夢を見ている自分を、もう一人の自分が観察しています。なにが見えるでしょうか。どちらの自分が本当の自分なのでしょう。

どんな実績も間違いなくいつか消えていきます。消えていかないものはありません。儚いものにすがりついて生きているのです。

では、現実が夢だとしたら、いいかげんに生きていいのでしょうか。失敗も許される、悪事も許される、どうせ夢だから、と考えるのは、短絡的な考えです。夢のようなものだからといって、故意に間違いを犯すのは愚かです。目指すのは、「失敗を恐れない」という方向です。むしろ勇気を持って生きられるはずなのです。世間体や、他人の評価を気にする必要なく生きられるのです。

それなのに、いざという時の決断力が不足していたり、勇気を発揮できないのはなぜでしょう。それは、まだこの現実に縛られているからです。現実を夢だと心から認識すれば、勇気も決断力も高まります。常識や利害損得に囚われて、本当にやりたいこと、言いたいことを抑える必要が無くなるからです。

夢から覚めた時、もう一度同じ夢を見たい、思い出したいと思うことはありますか。それは、大金持ちになって喜んでいる夢でしょうか。それとも、権力を手にして、得意になっている夢でしょうか。どちらも虚しいものです。

もう一度見たい夢は、愛に関する夢です。本気で人を愛した夢、愛された夢こそ貴重なものです。現実世界も同じです。現実は夢のようなものですから、少しでも多くの人に愛を感じてください。

現世で会社を遺そうが、ビルを遺そうが、根底に愛がなければ虚しいばかりです。敵も味方も、みんなを愛する。宇宙の法則にもかなうことです。

どこもかしこも、愛が満ち溢れている。これこそ理想の宇宙です。

敵を敵だと考えているあいだは、敵は永久に存在します。敵を自分の心から消した時、敵はいなくなるのです。このことに気づくまで、戦争は続くでしょう。彼らは夢のなかで戦っています。死んでも戦い続けるでしょう。本当は敵も味方もなく、お互いに愛しあうために創造されたのに……。早く気づいて生きていかなければなりません。

自分を愛する

神がもっとも嫌う人間の生き方は、「我良し」の心を持った、自己本位な生き方をするエゴイストです。逆に、人間に求める生き方は、「自分を愛する」生き方です。

自分を真に愛するとは、どういうことでしょうか。

自分を愛する対極に、自分の命を犠牲にして他人のためにつくす生き方があります。はたしてそれは、宇宙の真理に叶った生き方といえるでしょうか。

主なる神は、人間に自己犠牲の生き方を求めていません。自分を捨てて他人のために奉仕することは求めていないのです。それぞれの貴重な人生を、自分を大事にして、自分を深く愛せよと言われています。

かたや、神がもっとも嫌われる生き方は、「我良し」の生き方です。

我良しとは、自分さえよければいいという心であり、自己本位、利己主義の生き方になります。

では、自分を愛する生き方と、「我良し」の生き方はどう違うのでしょう。

自分を愛するとは、自分の肉体を愛することではありません。かといって、自分の身体を粗末に扱っていいかというと、それも違います。暴飲暴食、深酒、喫煙などで自分の身体を痛めるのは、自分を愛しているとはいえないでしょう。

しかし、人間の本質は肉体ではありません。

肉体を第一に考える生き方を「体主霊従」といいます。一方、今の時代は「霊主体従」に向かっています。

これは、太陽光線が最近になって明確に切り替わってきていることからも明らかです。人間に太陽光線で知らせているのです。ＤＮＡを変化させようとしています。「朝日を浴びよ、戸外に出て太陽の光を浴びよ」と呼びかけているのです。屋内に閉じこもったり、夜中に遊び、仕事をして、昼間寝ている人は、このせっかくの働きかけを無にしています。

紫外線を浴びると皮膚がんになると怖れている人もいますが、逆に防備し過ぎて太陽光線を避けるとビタミンＤが不足して、老齢になる前に骨粗鬆症になる危険性が指摘されています。

すこし話が逸れましたが、自分を愛するということは、すなわち自分の魂を愛することです。「自分の魂が喜ぶ生き方をしている」ということと「自分を愛している」とは同じ意味です。「魂とはなにか」――もうおわかりでしょう。人間の本質は、固有の御霊です。それを進化させるために肉体を借りているのですから、この固有の御霊の進化につながる生き方をすることこそ、自分を愛することにつながります。

肉体がすべてだと信じている人には、自分を真に愛することができません。魂の仕組みを知らないからです。なにも知らない人が愛するのは自分の肉体だけであり、それでは肉体の快楽を追求することにしかなりません。

自分を愛することができるのは、宇宙の真理を知り、神の摂理を知っている人だけということとです。

魂には膨大な情報が潜在しています。

世界一短いお経と言われる「般若心経」は、その真理を伝えています。「摩訶般若波羅蜜多《まかはんにゃはらみた》」とは、魂に内在する偉大なる知恵に到達することを意味しています。

「自分を愛する」とは、その偉大なる知恵を内在させている自分を愛することなのです。自分は創造主の光を内在させた神の子であり、神の分身であり、気の遠くなるような過去世の体験や知識を内在させた、偉大なる存在です。

それは、内在する真実を愛する、内在する神を愛することにもつながります。

それができるようになってはじめて、他を愛することができるようになるのです。自分を愛せない人間が他人を愛することはできません。

残念なことですが、簡単に自殺する人が多くなりました。最近では、小学生までが自殺します。

自殺は自分に課せられた問題を放棄する行為であり、自殺ほど自分を粗末にする行為はないことを大人は子供に教えなければなりません。

他人を愛するという場合、もちろん、他人の肉体を愛することではありません。肉体を愛することを愛だと錯覚してはいけません。

肉体に付随する心もまた、うつろい変わるものであって、相手の本質ではありません。心を愛すると、相手の心変わりを嘆いたり、執着心から憎しみが生まれたりしますが、これは愛し方が間違っているからです。

自分を愛するとは、自分の本質を愛することであり、本質とは魂です。それと同じように、他人を愛するとは、他人の本質である魂を愛することなのです。

無我の境地で生きる

よちよち歩きの子供がお母さんと道を歩いているのを見ると、そのあどけない仕草、屈託のない表情に、つい心が和みます。自分と無関係な幼児であっても、可愛いと思わずにいられません。かつては誰もが同じように無邪気で、無垢でした。

父なる神が人間をご覧になったら、私たち大人が幼児を見るように、愛しいと思われるでしょう。

イエスは「天国へ行くには、幼子のようであれ」と言いました。幼子は、自己保存欲もなければ、自己本位な心も持ち合わせていません。自分の感じたままを表現する、純粋な魂です。成長するにつれて、人間は知識や小賢しい知恵を身につけます。自分を有利にする術を覚えるのです。自分さえ満足できればよいというような感覚を身につけます。それが嵩じると、相手を平気で欺くようになります。さらに、我欲を満たそうとすれば、相手を傷つけてでも、他人を利用することを考えるようになるでしょう。

普通に生きていてさえ、こうした我欲はなかなか切り離せません。

神の願いは、万民を愛に溢れた人間に育てることです。人間だけでなく、地球に存在する生命、動物、植物、鉱物、すべてが愛で満たされる世界を創造することです。その神の願いに応えられる生き方をしているといえるでしょうか。

いずれにしても、神は人類すべてを愛されています。

今回の人生を失敗したとしても、次のチャンスが与えられるでしょう。今回の私たちの人生が、失敗なのか、成功しているのか、それはわかりません。結果に囚われず、幼子のような心境で、自然のままに屈託なく、損得勘定のない生き方を続けましょう。

無我の境地で生きることです。無我とは、自分を他と区別しない状態です。自分の幸せはみんなの幸せであり、みんなの幸せが自分の幸せなのです。

また、自他の区別をなくせば、相手の教訓を自分のものとして得ることができます。

「宇宙の法則」を学ぶのは、基本的には体験からですが、無我の境地に至れば、人の経験を自分のものとして学ぶことができます。マイナスの経験を繰り返す必要は無くなります。自他一体の境地にある人は、これができます。他人の間違いを自分の間違いとして意識できるからです。

自他を分離、区別して生きている人は、他人の間違いは他人事としかとらえられないでしょう。

喜びを与える喜び

人は、人生のなかでいろいろな喜びを経験します。おおむね、喜びは五感に基づいています。新鮮な自然に触れたり、旅先で新しい風景を発見したり、絵画を見て感動したり、音楽を聴いて涙を流したり、極上のグルメを味わったり、異性とのキスやセックスの喜びもあるでしょう。その中でも、感動をともなう、最上の喜びとは何でしょうか。

五感にもとづいた喜びはつかの間に消え失せ、長く持続しません。目的を果たした時に得られる喜びも、その時で終わってしまいます。

小さな喜びは毎日のように体験できます。しかし、それが当たり前になると、人間はそれを喜びと感じなくなっていきます。得られて当然とか、してもらって当然と思うようになります。こうなると、太陽に感謝するとか、大自然に感謝することはできません。ましてや、目に見えない世界の神々や先祖に感謝するなど、もってのほかでしょう。

なんでも当然と考えるようになってしまうと、感謝の不感症になります。新鮮な喜びすら味わえなくなっていくのです。与えられることに慣れてしまったからです。

そんな時、思わぬ不幸やアクシデントに見舞われると、人の情けがわかり、愛に対しての敏感さをとり戻せます。そう考えると、順風満帆なだけの人生は、理想とはいえないのかもしれません。

恋愛は、いろいろな意味で勉強の機会になります。相手の気持ちをわかろうとし、相手のことをどれだけ思いやれるかが試されます。静かで持続する愛を学んでいかなければなりません。愛は、求めるものではなく、与えるものです。相手に求めるばかりの行為を愛だと錯覚している人がいますが、それはきわめて初歩的な、愛の入り口に過ぎません。

愛は感情のなかでももっとも難しく、奥深い世界です。善人を愛する、正義を愛する、弱者を愛する、従順な者を愛する、このような愛なら容易にイメージできるでしょう。しかし、悪人を愛する、不正を許す、権力者の横暴を理解する、反抗して従わない人を愛するといったことはどうでしょうか。実は、このレベルが創造主の愛なのです。

宇宙創造の神は、いつも愛を与え続けています。非情な人間にも、誰であれ、分け隔てなく、太陽のように黙々と照らし続けているのです。この深い愛に、人間は少しでも近づかなければなりません。

与えてもらう愛から「与える愛」へと進化させるのです。

喜びを相手に与えるとどうなるでしょう。なかには、無視して感謝もできない人もいるでしょう。そんな時、けっして不愉快にならず、相手を哀れむことができれば、本物の愛を与えられたといえます。簡単なことではありませんが。

相手に喜びを与え、その喜びが感謝されて自分に返ってきたなら、それが自分の喜びにもなり、心が満たされます。与えて、与えられる。これが宇宙の愛なのです。

この愛を得られたなら、他人に喜びを与えることに対して努力する気持ちやストレスは無くなり、自然にできるようになります。

肚《はら》で生きる

神との直接対話のなかで「肚に意識を置いて生きてみよ」と言われたことがあります。神とは国常立太神で、「地球がやがて立替えられる」と自動書記で伝えられた方です。
「肚で生きる」とは、どういうことでしょうか。肚とは、丹田の部分です。ふだん肚に意識が行かないので、言葉がうまく理解できませんでした。

あるとき、榎木孝明さんがテレビで「侍を演じるとき、肚に意識を置かないと演じきれない」と話しているのを耳にしました。演じるだけでもそうなら、昔の侍の生き方は、四六時中、肚に意識を置いて生きていたということでしょう。神はそのことを言いたかったのかと気づきました。

頭に意識を置いて生きている人は多いでしょう。情報は目や耳や鼻や舌から吸収するからです。五感のうち、触覚以外は頭で情報を吸収しますから、そのまま頭で考えてしまいがちになります。

しかし、体で覚える知識は、頭でなく肚で吸収するようです。

「肚で考えて生きよ」とは、体を使って、体で覚えよという意味に受け取れます。「頭ばかりで計算して生きる生き方を見直せ」ということなのでしょう。

確かに、武道はいくら頭で知識を集めても上達しません。体で鍛錬して、体で覚えるものです。スポーツも同じです。

頭で考えることは、私利私欲や打算が多くなりがちです。頭でなく、体全体で考え行動することが「肚で考えて生きる」ことなのです。

武士は、自分の発言や行動に、命を賭けていました。もし、結果がともなわなければ、責任を取って切腹することもありました。まさに肚で責任を取るわけです。

考えてみると、武士のような生き方に比べて、現代は気軽で、無責任な生き方が多いと感じます。なんでも言いっぱなしで、一切責任を取ろうとはしません。政治家や社会のリーダーのなかに多く見受けられます。無責任な生き方と、自分の行動のすべてに責任を持つ覚悟で生きるのでは、天地の隔たりがあります。

日本は平和ボケしていると言われますが、なんの自覚もなく、ただあるものをむさぼっているだけなら、健全ではありません。平和な社会にいる自覚を持たず、頭だけの知識のみで生きようとする生き方は正さねばなりません。

肚は、胆を意味しており、心、気力の意味でもあります。

胆は、丹田の丹にも通じます。丹田に力を入れて、全身のエネルギーを充満させ、全身を使い切って生きるのです。頭に知識だけ詰め込んで、小賢しく「口先だけ」で生きないように気をつけなくてはなりません。

愛知県にお住いの合気道の達人に伺ったお話ですが、日ごろから腹式呼吸をして、腹を膨らませ、腹に力をためたうえで、少しずつ断続的に息を吐いていき、その瞬間に行動すると、思わぬ力が発揮できるのだそうです。

いつもお腹を前に出すことをイメージすると、姿勢もよくなり、気力が充実するとのことです。

大人が頭で生きていると、子供も大人の影響を受けて、頭でっかちの知識だけで生きようとします。なにかを生産して、汗水垂らして働くよりも、ＦＸなどで一獲千金を得ようとする若者が多くなってきています。労働して対価を得る生き方はレベルが低いとみなされ、汗水流さない生き方が高級だと思われています。

町工場で油にまみれ、形のある仕事をしている人にこそ、光があたらなければならないのに、現実はパソコンに向かい、電話とデータで金儲けをする人たちばかりがクローズアップされます。

こうしたことは、神が言われる「肚で生きよ」とは、逆の方向でしょう。

武士は、刀に魂を込めていました。本来の武士が刀を抜く時は、相手を殺すか、自分が死ぬかのどちらかの時に限られていたのです。刀に自分の命を預けていたわけです。言動についてもそうです。命を賭けていたのです。責任を取る、責任を持つという思いは、いつも自分の命と引き換えだったのです。明治になって、武士社会は解体され、武士道も衰退しましたが、「肚で生きる」ことを求めた武士道は、日本人が忘れてはならないものだったのです。

命を懸けて生きるためには、確固たる死生観が必要です。人生観は生きている今に重点を置きますが、死生観は死後に視点をあてます。

武士は、確固たる死生観を持って生きていたのです。

「肚で生きる」とは、「死生観を持って生きる」という意味でもあるのです。

命が躍動する人生

毎日を躍動する思いで生きている人は、最高の幸せな生き方をしている人です。

毎日を、与えられたノルマを果たすため、スケジュールに追われて忙しく働いている人、忙しいことを充実感だと錯覚している人もいます。忙しく働くことと、命が躍動する生き方は、同じではありません。

躍動するとは、心が喜びに溢れている状態です。体中が喜びに満ちている状態のことです。

つかの間の喜びとか、刹那的な喜びでは、躍動とは言いません。

祈りの言葉に「今日も命が躍動して、平和でありますように」というのがありますが、命が躍動する生き方と平和は、どちらも重要な要件になります。

人生を暗い気持ちで生きるよりも、命を躍動させて生きる方が幸せであるのは、誰でも知っています。知っていても、それを実現することはきわめて難しいのです。自分の命を、「こうすれば躍動させられる」と言い切れる人はまずいません。誰もが「その方法を教えて欲しい」と思っているのではないでしょうか。

今までの人生で、命が躍動する思いをした方はおられるでしょうか。命とは、何度も言いますが、肉体の命だけではありません。肉体と自分の魂とのあいだに心が介在していることはすでに述べましたが、肉体と魂を心がつないでいます。命が躍動する状態とは、この肉体と魂双方が喜んでいる状態のことです。

肉体の快楽は、色々ありますが、その快楽を肉体に与えても、心は躍動しません。魂が喜んでいないからです。むしろ、肉欲に溺れていると、魂がどんどん虚しさを感じて、躍動どころではありません。

では、どうすれば魂が喜ぶのでしょう。魂の核の部分に、内なる神、創造主の光が宿っていることはすでにわかっています。この神と魂はつながっています。魂が喜ぶこととは、このつながっている内なる神が喜ぶことです。内なる神とは、創造主であり根源の神です。

創造主の喜びは、宇宙に愛が満ち溢れることにあります。万物が段階を踏んで、徐々に進化していく姿を見る喜びです。創造の思いに触れた時に、内なる神が喜び、魂が喜び、心を通じて、肉体が喜ぶのです。

この喜びを感じるとき、命が躍動するのです。

肉体の喜びは、五感に基づいています。五感を喜ばせても、命は躍動しません。魂を喜ばせないかぎり、躍動しないのです。

大金が手に入った、昇進した、難関の試験を突破した、難病を克服した、与えられた目標を果たした、栄誉を手に入れた……など、多くの喜びがありますが、躍動を味わえるのは、魂の喜びを得た時だけです。

厳しい寒さに耐え、ようやく春めいて梅がほころび、桃の花が咲き、桜が満開の花を咲かせる季節の到来は、誰の心をも浮きたたせます。木々が芽吹いて、青々と茂る自然に触れた時もまた、命の躍動を感じられます。自然が躍動する時、魂も嬉々と喜ぶのです。自然と魂はつながっていると感じられます。

自然から分かれたのが自分だという意味が理解できます。

また、自分がやりたいこと、やるべきことが明確な時、着々とそれに向かって進んでいる時は、やりがいを感じて、生き生きできます。進んでいる道が、多くの人々の期待を担っている場合はなおさらです。

命が躍動する生き方は、最も魂が喜び、幸せを感じる生き方です。その対象に出会った人と出会わない人では、同じ人生でも満足感が大いに違ってくるでしょう。

私たちは、自分の人生で何をしたら自分が躍動するかを発見して、それに従って生きるのが大切なのです。命が躍動することと「生命力が満ちる」ことは、同じ意味です。毎日、生命力が満ちた状態で生活したいものです。

瞑想の達人は、瞑想することにより、自然に生命力が増すそうです。心を無にして、静寂の中に置き、内面から湧き起こる生命力を感じるのです。自分の生命力に意識を向けている人は、他と争ったり、奪ったり、殺したりしません。生命力を補充した人は、相手を生かすことに喜びを感じるからです。こうした姿勢を取れる人が少しずつ増えていけば、波動が上がり、世界は変わっていくでしょう。

天国を向いた生き方

あの世があるかどうかもわからないでいる人に、天国の存在を説いても受け入れないでしょう。「あの世など無い」と言い切って生きている人は、今の自分の環境さえよければ満足であって、地上の平和などはどうでもいいことです。

せっかく日本に生まれてきたのですから、生まれてきた意味を知り、死後にもこの魂の生活が続いていくはずだと考えなければなりません。なにも考えず、ただ毎日を生きているだけなら、それは人類の知恵を否定し、自分を無明の底へ落とし込んでいくような行為です。

あの世は四次元の幽界と五次元以降の霊界に分かれていますが、どうせ目指すなら、死後はより高い、五次元の天国を目指すべきでしょう。

もちろんこれは、せいいっぱい生きた結果の話です。「明確な意識をもって生きる」ということを話しています。あなたは、天国に向かって生きていますか？　それとも、「天国など、本当にあるかどうかもわからないのに、くだらない」と思いますか？　そのような考えこそ、無知からくるものです。

本当なら、誰もが天国を向いて生きていなければならないのですが、はたしてそれを意識できている人がどれだけいるでしょうか。

「天国を向いている人の生き方」は、まず、心が大らかです。小さいこと、どうでもよいことにこだわりません。相手を許す心、包み込む力が大きく、愚痴を言いません。そして、欲深くありません。たとえば、貰った品物を分けあおうとする時、自分から真っ先に取るようでは、その人は天国を向いているとは言えません。

他人に勧めて、最後に残ったものをもらう、つまり、欲の世界を卒業している人が、天国を向いているといえるのです。


いつも自分と他人を比較する人も、天国を向いていません。他人には負けたくないという虚栄心があるからです。そのようなものは、あの世まで持っていけません。自分の存在感を認めさせようとして自己主張する人もそうです。かつての筆者もそうでした。虚栄心のために自分の意見を通そうとします。まったく天国の方向とはかけ離れています。

結果の悪さを他人のせいにする人も、感心しません。いつも目が外へ向いていて、自分に向けられないのです。

天国は、自分の外にはないのです。

愛の反対は、相手を無視することです。無関心も同じです。これも、愛ある人、天国を向いた人とはいえません。

まとめると、天国を向いている人とは、いつも心が大らかな人であり、他人の悪口や愚痴を言わない人で、とっさに自分を前面に出さず、自分より他人を優先させ、親切にできる人です。親切には、お節介と違って自己主張がありません。そして最大の条件は、すべてのものに感謝する心を持っているかどうかになります。

天国とは、霊界を意味します。死後、霊界へ行くというと、漠然としたイメージになりますが、進化した星へ生まれ変わると考えたらどうでしょう。宇宙は連続していますから、進化の度合いによって宇宙の別の星へと移動する可能性もあります。そう考えるのは、とても楽しいことです。

今日を生きる楽しみを見出し、心配も恐れもなく生きていきたいものです。

8 人間の持つ力

言葉の力

私たちが日ごろから使っている言葉には、不思議な力が宿っています。

それは、言霊《ことだま》という重要な波動です。言葉の波動は、心と同じように肉眼では見えませんが、世界の平和は言葉から生まれると言っても過言ではないのです。

「宇宙の万物は波動でできている」という法則を思い出してください。目に見える確かな存在である物質も、本質は波動でした。言葉は波動そのものですから、言葉の使い方によって、人を活かしたり殺したりもできるのです。

相手を怒らせる、やる気をなくさせる、悲しませるといったこともできますし、逆に相手を慰め、励まし、元気づけ、喜ばせ、やる気を出させることもできます。

言霊の力はとても重要なものなのですが、この力について教えてくれる人はめったにいません。

丁寧な言葉、相手を不愉快にしない言葉遣い、営業的な言葉、相手に言葉尻を取られないような話し方、相手に本心を悟られないようなものの言い方など、言葉を自分の利益のための手段として教えられることがあっても、それは本来の言霊の力を無視したものです。

世界から戦争が無くならない要因は、言葉にあります。

「まさか！」と思われるでしょうか。

言葉には、想念が宿っています。言葉から現実が創造されていくのです。世界で言葉が共通でないのは、人類の悲劇です。

日本語の表現方法の多様さは、英語の比ではありません。相手を不機嫌にさせないように、やんわりと表現したり、相手の気持ちを思いやって、言葉で慰めたり励ましたり、その使い方、表現方法は、使う人の数だけ、無数にあると言ってもよいくらいです。

近年、戦争が絶えないのは、言葉が通じなくなったからです。敵か味方かを言葉で表現するだけでは、争いは防げなくなったのです。口で説明できなければ、すぐ行動になります。問答無用の行動とは、争いであり戦いです。

少し、話が横道にそれますが、人類の起源は、聖書の記述にあるような、エデンの園に誕生したアダムとイヴだけではありません。それより古い時代、日本列島丹波丹庭《たんばたにわ》で誕生した人祖の存在がありました。

それがイザナギとイザナミであり、この二人から三十八人のお子が生まれ、大丹生家《おにゅうけ》、丹生家《にゅうけ》に分かれて、日本の歴史が刻まれていったのです。この人祖である二人が最初に求めたのが言葉でした。

二人で、天に向かって、言葉を教わったのです。

日本列島では、縄文時代の遺跡が発見されていますが、人骨にまったく損傷がないことが知られています。戦いがなかったのです。

その要因は日本語にあります。日本語で話し合っていたために、争いがなかったのです。なのに、いつしか、アダムとイヴの子孫と混じりあうなかで、日本語は失われてしまいました。

最近の日本語は、外国語混じりになったり、直接的な言葉が多くなって、その力を十二分に発揮できているとは言いがたくなっています。しかし、暴力を一切使わず、相手と理解し合うための武器は、言葉しかありません。なかでも、日本語の力はすばらしいものがあります。世界は、英語でなく日本語を学ぶべきなのです。

日本人も、英語教育に汲々とするよりも、大和言葉など、古文を学ぶことに力を入れた方が、平和に役立つでしょう。

テレビで北朝鮮の放送が流れるのを見たことがありますか？

あの女性アナウンサーが発する言葉の波動を受けると、いつも戦闘態勢になります。戦うエネルギーが満ち溢れています。世界中が北朝鮮の言葉で話し合ったりしたら、すぐに冷静さを失って喧嘩になり、戦争が多発するでしょう。

しかし、これを京都や大阪の丁寧な言い方で語り合ったらどうでしょうか。戦う気持ちは湧いてきません。これこそ、人類の知恵というべきです。日本語を世界に広げ、国際用語は日本語にすべきです。

英語では、世界は平和になりません。恐らく、レベルの上がった新しい地球では、国際的に使われる言葉は英語ではなく、日本語になっているでしょう。

「口、心、行」を正せ、という言葉があります。

人類が波動をあげるためには、この三つを正していく必要があるのですが、最初に「口」が位置づけされている意味を考えなければなりません。心や行よりも、まず口を正さなくてはなりません。口とは言葉です。

心で思っているだけでは、宇宙に影響はありません。一人でいかなる行動をしても、その影響範囲は周辺だけで終わってしまいます。

ところが、いったん口から出た言葉は、はるか宇宙の果てにまで影響を与えるのです。音声は大きくなくても、言葉の持つ波動が延々と伝わっていくのです。

そのことを示すメッセージが、神の世界から伝えられていますので、ここに掲載します。

「言葉は、物質、個体ではないが、そのときの波動は遠く遙かに時空を超えて、すべてに届く神の巧みの奇跡なり。

言葉は時間も空間も結び合わせて、すべてをつなぎ、すべてを変えて高め行く。言葉の波動は、物にも人にも、形あるもの、無きものも、すべての元の波動を変える、偉大な力を及ぼし、示すものなり。

古代の魂、目覚め、神の古代の意図を蘇らせ、この世の狂いを正されよ。言葉は物質、物体さえも波動を与えて狂いを正す。

病も波動の乱れなれば、言葉の波動を変えてみるべし。

貴く、浄く、美しく波動を使えよ、身にまとえよ。

卑しき言葉は、使う勿れよ。波動は低く、己を汚す。
神の奇跡の仕組みに感謝せよ」

このメッセージに示されるように、言葉は、神の奇跡の仕組みです。いつも波動の低い言葉を使っていると、病気にさえなってしまいます。マイナスの言葉、否定的な言葉、相手を責める言葉、悪口など、ネガティブな言葉を平気で使っていると、その波動が自分やまわりによくない影響を与えます。

自分自身の悪口もそうです。自分の悪口とは、自分を否定した言葉です。「自分はもう駄目だ」とか、「私は無能だ」とか、「私の力は限界だ」といった言葉です。また、「今日はくたくたに疲れた」「今日は元気が出ない」と愚痴をこぼすのも感心しません。自分の言葉でよりいっそう自分を狂わせているからです。

「他人がなんと言っても、自分にはやりこなす力がある」「けっして負けないぞ」と、このように自分に言い聞かせていれば、すべてがその通りになっていきます。よくなると言えばよくなるし、駄目だと言えば、駄目になるのです。

これが言葉の波動の力、言葉に宿る言霊の力です。想像を超えた大きなエネルギーを持っていることがわかります。

子供の成績を見て、「お前は頭が悪い」などと親がくりかえしていると、子供は本当に成績が落ちていきます。しかし、「なかなか素質があるぞ。この調子でいけば、今に優等生になれるよ」と言ったら、優等生になるのです。

「想念はものをつくる」のですが、想念を乗せた言葉もまた現実をつくっていくのです。

言葉は波動だと述べました。波動とはどういうものなのか、神の世界から伝えられたメッセージがありますので、掲載します。

「波動とは、すべての事象、万物のすべての大元なり。

波動によりて、言葉も生まれ、波動によりて、命も生まれる。

波動を損ないい、衰えぬれば、命も絶えて、生は終わる。

すべての元の波動を守り、高めて、強めて、更に浄めれば、命は長らえ病も治る。波動の元は、言葉にも光にもなり、力となりて伝え広がり、すべてを浄める。浄める元は波動にあれば、人は守れよ。

命の根源、波動も光も、言葉もすべても、言葉を汚すは波動を乱し、この世を乱して滅ぼさんとする。

正しき波動、浄き波動はすべてを育み、癒しとなる。波動を乱し、狂わすものは、やがては己の命さえも傷つけ弱めて失う。なればこそ、言葉を正し、呼吸を整え、軽やかに言葉を発せよ。

大切にせよ、今の地球の上にて起こる、勝手な暴走、狂乱を神は憂えて、正さんとしている。やがては、宇宙のすべての波動に狂いが広がれば、宇宙は消滅破滅する。

今の人間、言葉を乱し、波動を崩して省みぬ。

愚かな妄想、幻想に真理を失い、彷徨う幽鬼よ。

今この時に波動を高め、地上を浄める仕組みを起こす。

人は気づかず浄められ、心も高まり救われるように、神は多くの救いを起こしている。人の心を、魂を清き波動に振るわせれば、必ず戻る、神の波動に。人の勝手な欲望は、もっとも悪しき波動に変わって、物の波動を乱し、物の本来果たすべき役割、働きを狂わす元なり」

最近のテレビドラマなどを見て感じるのは、登場人物の言葉の乱雑さです。すぐ怒りをあらわしたり、怒鳴りつけるシーンが多いのが気になります。画面を見ているだけで、言葉のマイナスの波動により、無意識に影響を受けてしまいます。マインドコントロールされるのです。テレビから遠ざかるのが賢明でしょう。

自分の子供を、他人の前で「こいつは……」などと呼びつける親を見かけます。上司が部下を指して「こいつ」と言う場合もあります。まるで、奴隷のように見下した表現です。

このような言葉を使っているかぎり、人間的な信頼関係は生まれません。お笑い番組で、笑いを取るためにわざと乱暴な言葉を使うタレントがいますが、波動の低い言葉を使って、一時的に受けたとしても、けっして長続きしません。低い乱雑な波動を人に浴びせれば、いつか自分に返ってきます。

これは、落語、漫才、舞台劇、言葉を扱う芸能すべてに共通します。

汚い言葉を使うよりも、あたたかい波動を持った言葉で笑わせ、楽しませる工夫をすべきです。それが成功する秘訣です。

すぐれた監督のつくるドラマは、言霊を意識しています。脚本家や演出者は、ドラマのストーリーだけでなく、言葉の波動に気をつけるべきなのです。

イメージする力

先の大戦の経験者は、みな一様に「戦争だけは、こりごり」と話します。

戦争を仕掛けた人々をのぞいて、戦争に無理矢理参加させられた人々は、戦争がなにをもたらすかを、骨身にしみて知っています。

国家権力の命じるままに、恨みも憎しみもない他国の兵隊を敵と見做して戦わなければなりません。相手を殺すことを強いられたのです。それまで普通の生活を営んでいた普通の人が、理不尽で過酷な行動を強いられたのです。

得られるのは破壊と欠乏と死別、そして憎悪と恐怖です。

どんなに苦しい状況が訪れようとも、戦争だけはしてはいけないと言うのが、体験者の貴重な教訓なのです。

それなのに、戦争経験のない若い政治家が多くなるにつれて、なんとかして戦争という手段に訴えたいと考える人が多くなり、ついに平和憲法の解釈を大きく変えて、集団的自衛権を行使できるように、法改定がおこなわれました。

戦争という過ちに対する危機感を持てない政治家や国民が増えつつあるのです。

人間は、戦争を実際に体験しないかぎり、その悲惨さや苦痛を味わえないのでしょうか。そんなことはないはずです。自分が体験しなくても、体験者から実態を知らされることで、同じように教訓にしていかなければ、人類の知恵を生かすことはできません。

そこで重要になってくるのが、イメージ力です。

人間は、自ら体験しなくても、イメージする力を与えられています。この能力をもっと発展させるべきなのです。あまりにもイメージ力に乏しい人々が増えつつあります。

「他人を殺してみたかった」と言って、実際に殺人を犯した女子大生がいました。人に危害を加えた後、相手や自分がどうなるかのイメージがまったくできないのです。行動してからでないとどうなるかわからない状態です。こんな状態では、過去の教訓は生かされず、愚かな行為が繰り返されてしまいます。


この世で、私たちは、すべてが芝居のように、その時その場の役柄を演じている役者です。私たちの人生は、小説の主人公のようなものです。さまざまな状況を想定して書かれた小説のように、人生も自分の体験を積むためのステージなのです。

そうであるなら、実際に体験しなくても、その状況をイメージする力さえあれば、体験したと同じような認識を得られるはずです。

イメージすることがいかに大切か、気づく必要があります。

自分を向上させる、進化させるためのイメージを持ちましょう。大金持ちになって、豪邸を建て、美女をはべらせ、好き放題して生きるイメージが自分を進化させるでしょうか。たとえば、自堕落に生きている自分を想定し、その先を考えてみて、自分を戒めるなら、それは意味あるものとなります。

ですが、金が欲しい、なんとか金を手にする方法はないか、深夜にコンビニを襲ってはどうか、人手も少なく、警備も十分でないから成功する可能性は高い、奪った金で、買いたい物を買おう――このようなイメージは、なんら自分に益がないとわかるでしょう。

では、戦争を止めるために、以下のようにイメージするのはどうでしょう。

世界ではいまだに戦争を続けている。

根本は貧しいからだ。みんなを豊かにする方法はないものか。食料や物資が公平に行き渡れば、餓死者はいなくなる。教育が必要だ。真実を知らないから、世の中がよくなっていかないのだ。真実を知らせるには、どうすればよいのか。人間には偉大な力があるのに、みな、自分を力の無い弱々しい人間だと信じ込んでいる。その間違いに、気づかせよう。

宇宙には、豊富な資源があり、大きな愛で包まれている。太陽はその象徴だ。この世界がかぎりある世界だと錯覚して、資源を奪い合う愚かさに、一人でも多くの人に気づいてもらおう。

戦争を止めるためにはどうしたらいいのか。自分に何ができるのか。

人類の平和を祈ることはできる。太陽に感謝の念を捧げることもできる。祈りの波動は宇宙を動かす。なにもできなければ、まず祈ろう。世界中の人々が太陽に感謝して、毎日祈るようになれば、世界は変わっていくだろう。愛が溢れる世界こそ、宇宙創造主の意志である。

イメージや想像だけで世のなかがよくなるはずがないと嘲笑する人もいるでしょう。この世は肉体や物質が支配していると考えているからです。しかし、宇宙は波動からできています。この真理が理解できれば、イメージの力がけっして無力なものでないとわかるでしょう。

「真実」を求める力

人がそれぞれの人生を歩むとき、大きな二つの道があります。一つは、真実を知ろう、本当のことを知ろうとする道。もう一つは、本当のことを知ろうと思わず、知る努力をしない道です。

神は信じるものでなく、知るものであると述べてきました。神は創造主であり、宇宙そのものですから、神を知るとは、宇宙を知ることであり、宇宙の神秘を知ることでもあります。そして、宇宙の神秘は、人間世界の真理に通じています。真理を知ることで、生き方に迷いが無くなっていくことでしょう。

宇宙の神秘を知ることは、宇宙を支配している法則を知ることでもあります。最高学府の難関を突破して卒業したからといっても、宇宙の真理や法則とは無縁の人もいるでしょう。知識ばかりを増やし、理屈っぽくなるばかりで、謙虚さを失ってしまう人もいます。自信を通り越して増長慢な心を持つと、人間の謙虚さは失われていきます。

そのような人々が社会の前線、一線で活躍するようになっています。日本の社会を導き、リードする立場にいる人々が、こぞって頭でっかちで、傲慢な心を持った人々で占められるのは、大いなる悲劇です。

どんな学歴を積み重ねても、その人が志の低いまま我欲ばかりを追求するようでは、社会の進化発展は望めません。

必要なのは、真実を知ろう、究明しようとする志です。

人の生き方には、二つの道があると言いました。いまや、真実を知ろうとしない人で溢れています。彼らは実利さえ得られれば満足なのです。

今日ほど真実を究明しようとする力が乏しくなった時代は、過去になかったのではないでしょうか。最近の国会討論を見ても、政府、与党、野党が協力して真実を求めようとする姿は、まったく伝わってきません。自分たちに有利になるように、いかにして真実を覆い隠すかに力がそそがれています。

利益を得るため、目的のためには、なにをやっても許されるという風潮がまかり通っています。こうした人間のおこないは、真実でさえも嘘で塗り固める「まやかし」なのです。

真実を求めず、いい加減な妥協で人生を過ごすのは、真理を追究することよりずっと楽なのでしょう。苦労して「真実」を明らかにしても、社会の大勢はなかなか変わりません。そんなことに真剣になるのは、馬鹿げているという人もいます。

「真実」を知ろうとしない人々は、実利的にこの世での生活が豊かになれば、満足なのです。

こうした人たちの思考の一端を書き出してみます。

・死んだ後、どうなるかなどはどうでもいい。死ねば終わり。
・神や仏はいないし、いてもいなくても、関係ない。
・人間の生まれてきた目的などない。
・強いものが勝つのがあたりまえ。弱いものは負けて当然。
・嘘であろうが、結果がよければ、すべてよし。
・この世に真実などない。真実も力関係で変えられる。
・あるのは現実だけ。

・人間関係は、利害関係から成り立つ。
・友情も愛情も、すべてがギブ＆テイクで得られる。
・幸福も不幸も、偶然の結果。
・世渡りは、運と度胸がものをいう。
・すべての結果は、自分の力のあらわれ。

おおむねこのような感覚です。

これらのなかに、宇宙を貫く法則の姿はありません。人間が目指すべき進化の片鱗も感じられません。

真実に目を瞑り、あるいは、自分に有利なように真実を覆い隠して生きようとする人々が増えているのです。国の政治をリードする立場にある人たちに、このような生き方をする人が多くなれば、国民は不幸になるばかりです。

地球に生を持った人々は、この地上人類を進化させる働きを期待されています。魂に内在された創造主の意識が、それを呼びかけているからです。

進化させるには、真実の実態を見つめる必要があります。進化にとって、真実を覆い隠すことは最悪の妨害行為です。

こうしたことに、自分の肉体があるうちに気づくのと、死後に気づくのとでは、天地の開きがあります。三次元世界に生かされている意義はそこにあります。四次元以降の世界では、反省も気づきも得られにくくなってしまうようなのです。

あの世のことも考えながらこの世を生きる、そういう人にならなければなりません。あの世がなければ、この世のことだけ考えていてもかまわないでしょう。しかし、あの世がある以上、それは賢明な生き方ではありません。「無欲の大欲」とはそういうことです。無欲に生きているように見えても、あの世を考えて、先のことまで考えているとすれば、それは大欲になります。

この世で順風満帆、調子に乗っている人は気をつけるべきです。調子がよいと、心が傲慢になりやすくなるからです。傲慢な心は、あの世では歓迎されません。

真実を覆い隠し、嘘で他人を苦しめた人は、あの世で逆の体験をさせられます。嘘ばかりの世界で生きるのは、想像以上に苦しいことです。

宇宙の法則をよく理解し、一段上の視点を持つようにしたいものです。

祈りの力

人間は、創造の神の分け御霊をいただき、自立して生きる力を与えられた存在です。ですが、その力があることを知らないでいると、神や仏、教祖や霊能者に依存して生きる道を選ぼうとしてしまいます。

特定の神や仏を信じれば、この世の暮らしが快適になり、死んだら天国へ行けるのでしょうか。そうした宗教は、過去には隆盛を誇りましたが、今は役割を終えています。

特定の宗教を信じるよりも、宇宙創造の真理を学び、それを実践することで、人間の役割を果たせるとわかってきたからです。人間としての役割を果たせば、「救われた」人生を送ることができます。

そもそも、肉体を持って三次元世界に生まれてきた理由は、魂と霊体の進化向上、ひいては地上世界を進化させるためです。なんらかの宗教上の神仏を信じて救われるためではありません。目的を忘れているのです。苦労や苦難を経験して、この目的を思い出す人もいます。

宗教も信心も無力です。宗教を信じても、世界が平和になりませんし、もはや教義を妄信するだけでは救われません。

宗教上の神に祈るのではなく、宇宙創造主と一体の心になって祈るのです。宇宙の意志を実現するための祈りは、大きな力を得て、宇宙の波動を変えていくでしょう。

宇宙創造主である神を信じ、神の実在を知り、神の摂理が働いていることを知るのです。その思いが、やがて現象として実現してきます。

宇宙の真実や神の教えを学ぶためには、常識や、洗脳のための宣伝と戦う必要があります。力にへりくだり、従っていくかぎり、真実にはたどりつけません。一人ひとりの力では難しい局面も出てくるでしょう。そのとき、神の力を借りるための行為が「祈り」です。宇宙の意志を実現することにつながる祈りの波動は、エネルギーに満ちています。

感謝の力

これまで、目に見えない世界に意識を向けて生きる必要があると述べてきました。そのためには、自分の心をいつも冷静に、温かく保つ必要があります。

そしてその時忘れてならないのは、感謝する心です。「天・地・人」に、大いなる感謝の気持ちを捧げることです。

私たちが生きていられるのは、地球があるからです。大地から受ける恩恵ははかりしれません。大地がなければ、自然もないのです。

天とは太陽を意味します。太陽の恩恵がなければ、人間も動物も植物も生きられません。私たちは、生きているのでなく、生かされているのです。

太陽を司る神は、天照皇大御神《アマテラススメオオミカミ》とお呼びします。「あま」とお呼びするからといって、女神ではありません。地上をあまねく照らし続けておられるところからきています。

この方が、岩戸にお隠れになったら、光が消えるだけでなく、熱もとだえて、生命は存続できなくなるのです。

ちなみに、神話にある天照大神はスサノオの姉といわれており、弟の行状を嘆いて天の岩戸に隠れたとされていますが、この方と天照皇大御神は違う存在です。

伊勢神宮内宮に祭られている神は、天照大神であり、女神です。

天照皇大御神は、内宮近くの荒祭宮に祭られています。

地球を守っておられる神は国常立太神です。人類の守り神でもあります。人類の未来に対して全責任を負って、見守っておられます。この方と行動を共にされているのが、素戔嗚大神《すさのおおおかみ》です。

天の神、地の神が明確になりました。

ですが、これらの神々だけでは、宇宙は進化を果たせません。三次元に人間が必要なのです。太陽と地球だけがあっても進化は進みません。人間が行動することで宇宙が進化していくのです。

神々の存在だけでは、宇宙は成り立ちません。人間の存在意義は非常に大きいのです。天と地にそれぞれの神がおられますが、この神をつなぐのが人間です。人を「ひと」と読まずに「じん」と読むのは、人間は神《じん》を内在させているからです。

天の神、地の神をつなぐ人間の神とは、人間に内在する内座神です。内座神が天と地の神をつなぎます。こうして三位一体となって、宇宙は進化を続けるのです。

人間が内座神に気づくことがいかに重要かわかります。何度も繰り返すように「外に神を求めるな」です。

人間界のことには、いかなる神も、創造主でさえ、独断で介入できません。私たちは、神の架け橋となって、地上に進化をもたらさなくてはならないのです。そうでなければ、無明の世界へ落ちて行くことになります。

人は、この地球を、平和な、誰もが住みよい星に変えていかなければなりません。たとえ病床に伏せていたとしても、神に祈ることはできます。内座神に祈りましょう。神の望まれる地球の姿になるように、それぞれが、それぞれの場所で、できるだけの力を発揮すればよいのです。


地球が平和になるように。憎しみ合わない世界が到来するように。

人間が、欲から離れて、神の世界に近づけますように。

宗教の呪縛から離れられますように。人間が神のような力を発揮できますように。人間の心が安らいで、調和のある世界になりますように。

太陽に感謝、地球の大地に感謝、創造主から分け御霊をいただいている自分に感謝、分け御霊をいただいている他人に感謝。

9 宇宙の意志

宇宙の意志を知る

創造主が内在する固有の魂を、人間はそれぞれが持っています。自分の肉体に付属する心が魂とつながれば、誰でも魂に内在する神の光に遭遇するのです。

地上に生きる人間が、誰もが自分の心を浄化できたならば、戦争のない平和な人間社会が実現するでしょう。

「心を浄化する」とは、悟ることです。二千五百年前に仏陀が悟りを得たように、肉体を客観的に眺められるようになった時、悟りの境地が訪れます。この体験をすると、すべての現象は取るに足りない些細なことにすぎないと感じられるようになります。創造主と同じ波動になる瞬間が訪れるのです。

人間は、この境地を求めて修行を繰り返してきました。この世に生まれてきた理由は、悟るためだとまで考えたのです。

悟るための修行はたしかに尊いものですが、なんのために悟るのかという根本を忘れてはいけません。悟ること自体が目的なのではありません。

私たちは、座禅や修行をしなくても、ある一定の悟りを得ています。悟りを得た結果、わかるのは、万物が偉大な宇宙の意志で生かされていることです。私たちはすでにその答えを知っています。

宇宙は、無限の進化を目指して進みます。宇宙の意志を知った私たちは、それを具現化するために活動しなければなりません。悟る段階で終わってはいけないのです。

さらにもう一歩を進める時なのです。


どんなにがんばっても、現実に成果が見られないように思うかもしれません。宇宙の意志が奥深く、時間を超越しているために、活動の結果がすぐにあらわれることが少なく、時間をかけて熟成させるように成果が出るため、人間はその成果になかなか気づけないのです。

宇宙は、人類の進化を待っています。

物理的な進化よりも、精神的な心の進化が期待されています。

「愛（平和）」と「向上心」

いままで述べてきたように、大宇宙には、それを創造された方の意志が宿っています。「宇宙の法則」です。そのなかでもまず一番にあらわれるのは、宇宙の隅々まで愛の溢れた世界にすることです。

そのためにも、一日も早く戦争を卒業しなくてはなりません。地球の平和を達成する責任者は、日本人なのです。

日本独自の「平和憲法」を世界に広げ、地球の平和を達成することが日本人の使命でした。しかし、残念ながらいまだに実現できていません。

昭和天皇の大喪の礼がテレビで流れた時、愛知県に住んでいた加古藤市氏に神霊が下り、テレビ画面の実況を強制的に中断して、「不戦の誓いを込めた神聖画」の画像を静止画像として見せ、「これを絵にして日本中に普及せよ」と伝えられました。

加古氏は絵が描けなかったので「それは無理です」と断りを入れると、間髪入れず、広島市の熊田画伯を脳裏に浮かばされたのでした。一か月前に岐阜で開かれた円空展でお会いした方です。

加古氏は熊田画伯に電話しますが、当初は、荒唐無稽な話に難色を示して拒絶されました。しかし、まるで傍で見ているようにさまざまなことを透視する加古氏に熊田画伯は驚き、「これにはなにか深いわけがある」と悟って、応じることになりました。そうした経緯を経て、加古氏は広島へ出掛け、三日間泊まり込みで、すべての画面を絵にすることが叶ったのです。記憶にない細部の画面が、加古氏が仮眠すると脳裏によみがえったのです。

これを印刷して、全国の主な神社やお寺に配布し、平和の大切さと昭和天皇の意志を絵として伝えようとした加古氏は、生命保険を解約してその費用を捻出しました。ですが、簡単にはいきませんでした。「憲法九条を守って、平和に徹する」という考えに異議を持つ神社や寺院が少なくなかったのです。

加古氏は神の指示で動いているにもかかわらず、神を祀る神社の賛同を得られなかったのです。それでも十年の歳月をかけて、全国の主な神社をまわる大仕事を達成されたのでした。

昭和天皇の死は、世界の平和にとって、きわめて重要なものだったのです。昭和天皇の発せられた憲法九条の不戦の誓いは、地球はじまって以来の画期的なものであり、神はどうしてもそれを引き継がせたかったのです。

宇宙創造の神がなにを望んでおられるか、一目瞭然です。

「国際紛争の解決の手段として、武器を用いることを永久に放棄せよ」と伝えられたのです。この条文を捨てるということは、創造主の意志を捨てることになります。宇宙の意志を知っているなら、絶対に踏み外してはならない道だとわかるはずです。

宇宙の意志で、次に大きいものは、「永遠に進化発展せよ」というものです。噛み砕くと、「たえず向上心を持て」ということです。憲法九条を変えようとするのは、明らかに進化ではなく、退化の方向に舵を切っています。

これは、日本だけの問題ではありません。地球人類全体が退化の方向を選択するのと同じです。今からでも、考え方を改めるべきなのです。

向上心のない人々は、宇宙の意志から外れています。若い年代の人は、誰しも希望に燃え、向上心を持って進めるでしょう。しかし、年齢が増すと共に、向上する意欲を失いがちです。これはきわめて大きな損失です。

この宇宙に生きるならば、いかなる時も向上心を捨てるべきではありません。人間の意識は、今より向上したいと思うからこそ、希望を持って生きられるのです。向上を願わず、その思いを捨てたなら、マンネリと惰性で生きていくことになってしまいます。

年齢に関係なく、息が切れる瞬間まで、前向きな向上心を持ち続ける必要があるのです。平和憲法を変えて戦争できるようにしようという人々は、進化を捨てて退化の道を選ぼうとしています。六道輪廻を思い出してください。地獄、餓鬼、畜生、修羅、人間、天という段階を輪廻する人間が多いという、仏陀のお言葉です。

人間から天に行くのは進化ですが、地獄へ舞い戻る人もたくさんいます。たとえ退化しても、意識には人間の意識が残っています。たとえ退化したとしても、その意識はたえず向上心を持っていなければなりません。同じく、たとえ地獄に落ちたとしても、そこから這い上がる気持ちを持ち続けるべきです。どんな場合でも同じなのです。

「もうこれでいい」「もう駄目だ」と自分に限界を設け、向上の努力をしなくなった時、意識は進化しなくなり、宇宙の意志から外れてしまうのです。

宇宙は万物が進化するようにできていますから、この世で進むべき方向がわからなくなった時は、どちらが進化の方向かを見定めて、結論を出せばいいとわかります。

宇宙の意志は、二つがポイントになります。すなわち、愛（平和）と進化です。これから起きるであろう日本のさまざまな問題に対して、正しい判断をするためには、宇宙の意志である「愛」と「進化（向上心）」に照らし合わせて判断していくことが必要です。

宇宙の意志を考えようともせず、無頓着に生きている人々は、いつか大きな間違いを知らされることになります。災難や衝撃が起きてから気づくよりも、今のうちに生き方を改めるべきです。これは、難しいことではないはずです。世界を平和にする意志を持つことと、自分の向上心を失わないことを守ればよいのです。

武器との決別

いつまでも武器を捨てられない人々がいます。

アメリカは銃社会で、自分を守るために武器を持つことが許されています。

武器は、いざというときに自分を守るためのものと考えられていますが、守るだけでなく攻撃するためにも使われます。どちらにせよ、武器を持ち、それを使わなければならないのが現状です。武器がなくては自分を守れない、守れなければ不安と心配で生きていけないと感じるのです。

いつになったら、武器を持たなくても安心できるようになるのでしょう。自分の安心のために武器を使うことをためらわない人は、戦争への抵抗もありません。

魂の進化は、戦争を卒業することですから、魂の進化向上のために人間がこの世を生きているということを知っていれば、武器に頼らずに生きようとする道を選ぶこともできます。

しかし、魂の進化を知らなければ、武器を捨てる選択肢は選べません。自分が脅《おびや》かされていると感じるならなおさらです。

武器を用いるのは、自分の身に不安があるか、相手を自分の思い通りにしようとする気持ちがあるからです。

この、相手を思い通りにしようとすること自体が、宇宙の法則から完全に外れているのです。人間を創造した存在が、すべての人間に自由を与えたというのに、人間がその自由を認めず、束縛し、意のままにしようとするのは間違っています。

この三次元世界は、多くの波動の違いがあっても、誰もが同じ空間で生きられるようになっています。あの世の四次元以降の世界では、波長の法則が働いて、同じ波動を持った者同士でないと同じ空間には住めません。精神的なレベルの高い人も低い人も同じ空間に生活できる世界は、三次元のこの世だけです。だからこそ、魂の修行がはかれるともいえるのです。すぐ武器を使って自分の思いを遂げようとする人たちは、まだまだ魂の段階が低いのです。

その低い段階を卒業して、個人的に誰かを害そうとは考えないレベルに進化した人々であっても、集団的に殺しあいをする戦争を肯定する人々がいます。みんなを守るため、国民を守るためと称して、戦争という手段を選択する人々です。

このような選択からも決別しなくてはなりません。

戦後七十年以上経過した日本では、戦争体験者が減ってきたこともあり、戦争を肯定する人々が増えつつあります。また同じような体験が必要になるのでしょうか。だとすれば、戦争は永遠に続くことになります。

今こそ、宇宙の意志を明確に悟らなくてはなりません。

宇宙は人類の戦争を認めていません。宇宙の意志は、どこまでも宇宙を愛で満たすことです。「最後の選択は戦争だ」という段階を脱しないかぎり、人類のこれ以上の進化はありません。

地球人類はその最終段階に来ているのです。

戦争して、国民のなにを守るのでしょう。国民の命をただ犠牲にするだけです。社会を廃墟にし、人々の信頼をずたずたに破壊して、なにを守るのでしょう。人々を戦争に誘導する人々は、恐ろしいカルマを背負い込むことになります。

大きく宇宙的命を損なうのです。今こそ、知らなければなりません。

宇宙の意志に背いて大罪を犯すと、そのカルマの清算を余儀なくされます。それが「宇宙の法則」だからです。カルマの清算は、単に地獄で苦しむだけではありません。人間として再生できなくなります。動物などに変化し、どれだけの時間と忍耐と苦痛を味わうのかわかりませんが、再び人間として生まれ変わるまで、長い長い時間、輪廻をくりかえすことになるでしょう。

殺人を犯さないから、人を傷つけないから、自分は大丈夫と思っていませんか。それだけでは、確実にこの輪廻の輪から解放されたとはいえません。

戦争に断固として反対、否定する強い意志を持つことです。まわりに感化され、周囲の影響を受けて、戦争を肯定してしまう程度の思いでいては、カルマの輪から逃れられません。魂の進化を果たしたことにならないのです。

世界が平和を保つには、武器との決別が必要になります。

武器を製造しない、販売しない。これを守るだけで戦争は起こせなくなっていくでしょう。核兵器も同じです。廃棄して、製造しないことです。

これだけ文明や科学技術が発展した時代に、あえて生まれてきた理由を忘れてはなりません。魂の進化とはなにかをよく思い出すことです。自分の都合で相手をコントロールしようとしたり、相手を傷つけても平気でいられるような、戦争する精神状態を完全に卒業することなのです。

今後もさまざまなケースで試されることでしょう。しかし、どんな場合であっても、武器を使って争うことが選択肢に残るようでは、目的を果たせているとはいえません。

理不尽に他国が攻めてきて、家族が殺されるかもしれない。そんなとき、戦わずにおれるだろうかと心配になるでしょう。もちろん、体を張って抵抗します。相手の間違いを訴えます。しかし、武器を用いず、相手を殺さないのです。

結果的に、最後には無残に殺されるかもしれません。ですが、殺されても戦わなかった「あなた」は、証明されたのです。魂は確実に進化を果たし、今の地球人のレベルを超えて、あなたの魂は更なる上の段階を目指すことになります。

では、以下の質問にイエスかノーで答えてみてください。あなたは、すべてにイエスと答えられるでしょうか。

・自分の肉体は、自分の魂を進化させるためにあることを理解している
・この時代に生まれてきた理由はなにか、明確に意識できる
・肉体がすべてでないと、納得している

・宇宙は、何者も侵せない法則が支配しており、それを創造された存在があると知っている
・人間は宇宙の意志の元に生かされていると理解している
・宇宙の意志とはなんであるかを知っている
・世界を平和にすることが、今回の出生の目的だと理解している
・世界の平和の実現にいつも意識を向けている
・イエスが説いた「隣人愛」を実行しようとするとき、具体的にどのような行為になるかを知っている

傲慢な心との決別

キリスト教で三位一体とは、神と子と聖霊です。これを別の言い方であらわすと、創造と物質とエネルギーとなります。

神、つまり創造主は、物質と同時にエネルギーを創造されたのです。

万物は、「霊・力・体」の配合でつくられたことを思い出してください。これも同様のことをあらわしており、霊とは、本質が神そのものです。力とはエネルギーのこと。体は物質です。

すなわち、すべての物質にはエネルギーが内在しているのです。

人間の肉体は物質ですが、そのなかにエネルギーを入れられたために、人間は生きて活動するのです。エネルギーが消えれば、単に肉体があるだけになります。すべての物質も同じく、エネルギーを有しているのです。

たとえば、岩石は見た目は単なる物質ですが、そこにはエネルギーがあり、取り出すことができます。石炭などは燃やすとエネルギーになるので理解しやすいでしょう。こうしたことはさまざまに使われていて、水晶のエネルギーはクオーツ時計に利用されていますし、原子力はウラン鉱石のエネルギーを取り出したものです。

このように、人間が物理学や化学で研究しているのは、まさに創造主の「法則」を探し出そうとしているのです。そういう意味では、まだまだ、研究は序の口に過ぎないともいえます。

人間がこの宇宙で最も進化した生物だとは、とんでもない誤解であり、思い上がりだとわかります。この錯覚や思い上がりが、たがいに争い、殺し合う環境をつくりあげる端緒になります。謙虚に大自然に向き合えば、戦争などしている暇はないとすぐにわかります。創造主の無限の神秘に近づいていかなければならないと悟るからです。神秘のベールを剥がしていくことが人類の無上の喜びであり、躍動する心につながっていきます。

神の神秘に肉薄するのは、神との一体に近づくことであり、躍動する歓喜は、その時に訪れます。なんでも知っている気になって、傲慢になっているようでは、神秘の解明はできません。

また、富と権力を手に入れても、人間は傲慢になります。傲慢な心では、謙虚な気持ちは湧いてきません。なんでも自分が正しいと考え、自分だけにはなにをしてもよい自由が許されると思ってしまうのです。謙虚さを失えば、宇宙の神秘を意識できなくなります。目に見える世界がすべてになり、目に見えない世界の喜びがわからなくなります。

「歓喜して生きよ、感動して生きよ」と神が言われるのは、この、目に見えない世界の歓喜を味わえという意味であって、その歓喜は神秘の扉を少しずつ開けていくことにあります。

たとえば、自分の所有するものを他に与えれば自分は貧しくなるという固定観念があります。それは、あたかも真理のように思われています。だからこそ、他に与えることができません。

しかし、その思い込みを打破し、率先して他に分け与えたとき、貧しくなるどころか、大いなる豊かさを味わっていることに気づくことでしょう。人間の考える常識や知識と、宇宙の仕組みは違うことに気づかされます。こうした発見を積み重ねていくのです。

「宇宙の神秘を知る」とは、火星に生物がいるかとか、金星に都市があるかなど、そのような物理的な面を究明するだけではありません。

人間がどこからどのようにして生まれてくるのか。寿命はあらかじめ決まっているのか。どのレベルになったら、地球から離れて、もっと進化した惑星に生まれていくのか。それは誰が決めるのか。あの世の仕組みはどうなっているのか……。

こうした目に見えない世界とこの世との関わりを知ることも、宇宙の神秘に含まれるのです。しかし、これらの問題を明らかにする方法を、人類はまだ手に入れていません。どんなに優秀な予言者や霊能者であっても、あの世の仕組みとなると、死んであの世へ行かないかぎり明確にはなりません。たとえ死んで後、明確になったとしても、それを伝える術がありません。進化した惑星では死者と会話できるそうですから、あの世の世界や別次元の世界がどうなっているか、死者を通じて知ることができるようです。ですが、地球人類はまだそのレベルに達していません。

仏陀やキリストの教えを本気で学んでいれば、もっといろいろなことが明確になったはずですが、残念ながら真理の探究はおこなわれず、自分を有利にするために宗教化したり、人間の考えでおかしな解釈をしたために、真理から遠ざかってしまいました。

これらのことからもわかるとおり、立場を利用して自分を有利にしようとする段階を、人類はまだ卒業できていません。全体のために自分が存在するという真理に目覚めていません。どうしても、自分が中心になろうとしてしまうのです。

ヨーロッパでの難民問題をみてみましょう。現在六千五百万人、七千万人とも言われる難民を、誰が受け入れるのか。彼らをみんなで助けたいと考えますが、現実的に簡単ではありません。自分たちの税金で難民を救うとなれば、自分たちの生活レベルに大きく影響を受けます。すでに難民を受け入れたドイツでは、学校が足りなくなり、先生が不足しているといいます。

住宅も彼らに提供しなければなりませんし、難民が安い給料で働けば、国民の賃金も自然と下がっていきます。

まさに今、地球人類は試されているのです。

自分をどこまで犠牲にできるのか、縁もない他人のために、どこまで援助できるのか。難民のために税金を使うのはおかしいと考えるでしょうか。

しかし、根本のところを考えてみてください。そもそも、自分たちの招いた戦争で難民が増えているのです。軍事費を増やせば増やすほど、戦闘は激化し、難民が増えるという悪循環を招いています。無制限に難民を受け入れれば、すべての住民が苦しくなり、破綻するのは明白です。それよりも難民を産み出さないようにするべきなのです。

戦争を終結させることです。そして戦争を終結させるためにしなければならないのは、武器と決別することであり、傲慢な心と決別することなのです。

人間の力があれば、宇宙の意志を無視してなんでもできると思ってはいけません。神でさえできないことなのです。

私たちは宇宙と一体にならなければなりません。「宇宙即我」の境地を忘れず、宇宙の一員であるべきです。宇宙の意志に従いましょう。宇宙の神は、光として人類に内在していますから、他を殺めてはいけないのです。魂に内在する神こそ宇宙本来の神なのですから。

「幸福」への願い

「すべての人間が平和で、幸福でありますように」というのは、究極の祈りです。あなたも私も幸福でなければなりません。

人間は、この世の荒波にもまれて、カルマを清算し、心身の修行をしてあの世へ帰っていくことが誕生の目的であると考えられてきました。しかし、そうした自己の修行だけがすべてではありません。

たとえば、戦争状態の地球に目をつぶって己の修行を目指すだけでは、宇宙の進化はありません。

平和な社会を築くには、自分が平和でなければなりません。

自分の心が穏やかで、和やかで安らいでいなければ、外部の世界を平和にすることはできないでしょう。地上を平和に導くには、それぞれの人間が幸福でなければならないのです。

今の人類にとって、まずやり遂げるべき課題は、「地上の平和」です。不幸を感じて生きている人間が、他を平和で安らかにはできませんから、まず、自分自身が幸福になることを考える必要があります。

幸福であるには、まず、健康であることです。体のどこにも痛みや不調がなく、元気な体であること。医師から余命を宣告されるような状態では、とうてい穏やかな心ではいられません。

そして、適度なお金です。生きていくために必要な分だけのお金を得られること。

そして、愛です。他を愛する心です。一人暮らしの方がペットの猫や犬に愛を注ぐのもそうです。最近は人を愛することも簡単ではありません。

他人と共同生活をするには、お互いを思いやる必要があり、自分だけの一方通行ではすみません。自分の感情を抑えたり、相手の気持ちを重んじたり、辛抱することが増えていきます。そういう状態を乗り越えられるだけの心の余裕が必要です。必要なことですが、苦労することでもあるのです。

自分一人の生活なら、そうした苦労はせずにすみますし、楽でいられます。しかし、楽を求めてしまうと、利己的で自己本位になりやすくなる危険をはらんでいます。

こうした現象が進むと、自己愛だけで生きるようになってしまい、愛を見失っていくのです。これでは、本当の幸福が得られないままです。自己愛を、他者を愛する心に昇華していかなければなりません。

愛とは、打算のない、損得勘定がないものです。愛する心を持つことは誰にでもできます。心が愛に満ちていれば、孤独や飢餓感をおぼえることもなく、幸福にいられるでしょう。幸福な人々が集まることで、世界はより平和になっていきます。自分が幸福である人は、他者も幸福であってほしいと願えるからです。自分だけ幸せであればいいという感情に走らないのは、幸福の条件に愛が存在することと関係しています。

愛を知らないまま、「神は偉大なり」と叫んで自爆し、他者を傷つけるのは、世界を平和に導く行為とはかけ離れたものです。それなのに、命を賭けた行為は崇高で、神に称賛されると思っているのでしょう。

自分を犠牲にして他者を幸せにすることとすら、本来の道ではないのに、自分を捨てて他者を傷つけるのは、どれだけ愚かなことでしょうか。

自分の喜びや幸福を犠牲にして、平和の実現はありえません。自分自身が満たされ、まわりの人々も満たされた社会であればこそ、平和な社会になるのです。

「平和のために戦う」とは、おかしなセリフです。自分たちの平和は戦わないかぎり得られないという発想からくる言葉です。戦いに勝利したからといって平和になれるわけではありません。人類の幸福は、戦争からは生まれません。正義のための戦争であろうが、自由を守るための戦争であろうが、戦争を容認しているかぎり、人類は幸福になれないのです。

戦争は、もう選択肢にないはずです。その覚悟を持った人々が、新しい時代を築きます。少なくとも、創造主・神の存在を知った人々は、他人に、自分と同じように内在する神を抱いている人々に、武器を向けたりはできないはずです。

毎日教会で祈る人々、神社で柏手を打つ人々、寺院で合唱する人々……。こうした人々は、自分の外に神や仏を求めています。

神は、自分の魂や相手の魂に内在しているのです。その神を知るあなたが、戦争を容認することなどありえません。

みんなが幸福になってこそ、世界が平和になるように、世界が平和にならずして、個人の真の幸福はないでしょう。戦争と幸福とは、どこまで行っても相容れません。

憲法九条は「国際紛争の解決の手段として、武器を用いることを永久に放棄する」と謳っています。神の世界から与えられた平和条文ですから、人間の知恵のレベルを超えています。

これを実行し、世界に広げていくのが、日本人の使命です。

現在、世界で一万五千発以上の核弾頭を保有している人類の未来は、危ういものです。いつ何時、世界が崩壊に向かっても不思議ではありません。

いまこそ、世界を平和にする知恵を出し合う祭典を催すべきです。どうしたら武器を捨てられるかを、世界中で話し合う時がきています。

「競争する世界」から「協調する世界」へシフトしていかなければなりません。

心を宇宙に向け、見えざる世界があることを学び、認めていきましょう。人間は進化しなければならないようにつくられているのです。

戦争して破壊することが、本当に進化につながるかどうか、考えるのです。

人間の運命と神の関与

「神一厘の仕組み」でも述べましたが、光の神と悪神との違いは、ほんの一厘にすぎません。

数字でいうと、神の数は七、悪魔の数は六になります。六六六は獣の数字であると、ヨハネ黙示録に書かれています。現在は、商品の価格がすべてバーコードで記されていますが、このバーコードには共通の数字である六六六がひそかに刻まれています。

文明社会に生きる人間すべてが、日常的に悪魔の数字を使わされているのです。六と七の違いは一つだけですが、悪魔の数に欠けているものは愛だけであって、知性や勇気や行動力、判断力など、他のすべてが神と同等なのです。

人間社会にも、非の打ちどころのないほど優秀な人がいます。しかし、その人が必ずしも人間として見習うべき存在であるかどうかはわかりません。どんなに有能であっても、どんなに知能が高くても、その人のなかに愛がなければ、その能力が人を傷つけることに向けて使われたりするからです。

地球の未来を進化した世界にするために、日本人は大いに期待されています。しかし、日本人にそのような自覚はいまだ芽生えていません。期待に応えられない日本人に対して、それを意識づけるために、宇宙は気づきのための試練を与え続けています。近年多発している災害がそうです。

災害から大いなる教訓を学べというサインを無視してはいけません。

それにしても、見方を変えて日本を眺めた時、日本を正しい方向へ導こうとした人物は若くして倒れ、間違った方向へ導く人物が守られているように感じる場合があります。

幕末から明治、大正に至る時期に生きた、数人の英雄を例として考えると、幕末に活躍した坂本竜馬は、日本の針路の基本を示しましたが、若くして暗殺され、西郷隆盛を導いた薩摩藩家老の小松帯刀《たてわき》は、同じく明治初期に大きな期待を寄せられながら病を得て早世しました。

また、坂本龍馬の海援隊に入って、龍馬の薫陶を受けた陸奥宗光は、明治新政府で駐米公使、メキシコ公使を兼務してアメリカに渡り、メキシコとの不平等条約を解消し、その後外務大臣となるや、アメリカ、イギリス、ロシア、フランスなどとの不平等条約の改正に取り組みました。

陸奥宗光の妻で、絶世の美人と西洋でも評価された亮子夫人は、鹿鳴館時代からはじまって、アメリカ社交界で活躍すると共に、日本の書物を翻訳するなど、日本の文化の高さを諸外国に紹介しました。外国人相手の社交と日本文化紹介という仕事をこなしたのです。日本にとって大いに期待された夫妻ですが、陸奥宗光は五十三歳の若さで亡くなり、その四年後に夫人も後を追うようにして亡くなりました。四十三歳だったそうです。

この陸奥宗光を慕い、大きく影響を受けたのが、平民宰相といわれた原敬です。大正七年に首相になり、シベリアに駐留していた七万人の軍隊を、田中義一陸相の反対に遭いながら、元老山形有朋を説き伏せ、引き上げさせたのです。シビリアン・コントロールを実現した、画期的な出来事でした。

原敬は、陸奥の影響を受けて、強兵でなく外交重視、富国を重点とし、日本の国益のためには、アメリカと協調路線を取るべきだと見抜いていました。ところが、道半ばにして大正十年十一月、東京駅で暴漢に襲われ、心臓に達する刃をうけて命を落としました。彼がこのような危機に遭わなければ、日本の未来も大きく変わっていただろうと、惜しまれてなりません。

原首相亡き後、たった十年で軍部が独走して、満州事変がおこり、日本は中国との戦争へ深入りしていったのです。


こうした歴史の断面を見るとき、日本を守る神は、なぜこうした人物を守ってくれないのか、なぜ力を貸してくれないのだと、理不尽に、悔しく思うかもしれません。

「だから神など存在しないのだ」と思うでしょうか。

ですが、各個人に働くのが宇宙の法則ですから、日本に役立つ人物を加護するという都合のいいことはなかなか起きません。結局、世界の平和は、神まかせにはできないのです。

人間は、偶然長生きしたり早死にするわけではありません。すべてに宇宙の法則が働きます。一国の運命と個人の運命は、今まで考察するかぎりでは、どこまでも個人が優先されるようです。

日本は今、あたかも、明るい未来ではなく、暗い戦争の時代に向かって進んでいこうとしているようです。ですが、それに敏感に気づいている人は少なく、無関心が多数を占めているようです。というよりも、大多数の人々は、そういったことを考える心の余裕をなくしているといった方がいいかもしれません。

このような流れに対して、神はただ見守っておられるだけです。

人間は、神頼みせず、自ら変わっていかなければならないのです。神頼みは依存であり、依存は自分の力を信じないところから起きます。人間は、自らの力を信じ、自らの力で変わるのです。

人間の視点と神の視点は、大きく違っています。

人間は、どうしても成果を急ぐ気持ちになりがちです。人間には、見えない過去世のカルマがあります。前途有望な人材だからといって、カルマの世界が停止することはありません。

平和な社会は、神に任せておけば実現できるというものではありません。この世界に住む人間が、強い思いを持って行動する以外に、平和を実現する道はないのです。

10 来たるべきアセンション

アセンションの到来

アセンションという言葉をはじめて知った方もおられるでしょう。

日本では、やがて地球規模の立替え、立て直しが起きると伝えられていますが、海外では、アセンションという言葉で広がっており、世界が次元上昇し、地球が大変化することを意味しています。

この宇宙は、肉眼で見える三次元世界だけでなく、多次元でできていると述べてきましたが、現在の三次元世界が、まもなくアセンションによって五次元の世界になると言われています。

この情報は、高次元の神々の世界から何度も伝えられているものです。

五次元の世界がどのようなものなのか、どういう状況で変化するのか、いつごろ起きるのか、動物や人類はどうなるのか。巷では、霊能者や預言者が受け取った情報として、さまざまな説がささやかれていますが、これらの情報にはばらつきがあって、はっきりしません。

議論が分かれているのは、その到来時期についてです。

向こう十年以内に起きるというものから、三十年、百年というように、緩慢に進行するという説まであります。

こうした言葉は「神の言葉を鵜呑みにするな」と言うとおり、すぐに真実として採用するわけにはいきません。一説として、岡本天明氏を通じて、昭和十九年から神の世界から伝えられた『日月神示』によれば、大きな天変地異をともなう地球の立替えが、まもなく起きると書かれています。「三千世界、一度に開く梅の花」という言葉も伝えられており、その立替えは、三次元地球だけでなく、目に見えない世界である幽界、霊界や神界まで巻き込んだ、大掛かりなものになると伝えています。この「立替え」は、破壊を意味し、「立て直し」はその後の新しい地球の創造を意味しています。

いずれにしても、人類七十億人が全員、新しい次元にアセンションするわけではないようです。

いつまでも戦争を繰り返す人々の波動は、きわめて低く、荒いものです。個人の波動に応じた世界へ移動させられることになるでしょう。地球よりも何万年も進化の遅れた惑星へ移行する可能性もあります。

創造主からのお言葉では「生きざまを変えよ」と伝わっています。

宇宙根源の意識に心を向け、宇宙の意思、意志がどこにあるかを知ろうとしないかぎり、生きざまは変わりません。

創造主の分け御霊をいただいている人間は、誰の魂のなかにも、神の光の一滴が宿っています。人類はみんな兄弟、同朋なのです。魂の親が同じだからです。敵はどこにもいません。「そのことに気づきなさい」という意味をこめた「悔い改めよ」なのです。

二千年以上も前の時代からこの言葉を人類は投げかけられてきたはずですが、いまだに悔い改めることができないでいます。


アセンションした地球に、国境はなく、戦争もありません。

悔い改め、宇宙の法を学び、理解し、生き方を変えた人々しか存在しない世界になります。その世界は、まさに人類の理想に近づいた楽園と呼べるでしょう。

新しい地球は、波動ががらりと変わります。神々とも意思疎通ができるようになると言われています。悪神は淘汰されて、あるいは役目を終えて消えてしまうのでしょう。今まで人類を陰から支配してきた強力な闇の権力も消え去るでしょう。本当の平和がやってきます。

では、いつごろアセンションは起きるのでしょうか。どの情報が正しいのでしょうか。百年かけてゆっくりと起きるのか、それとも、十年以内の急激な変化でしょうか。

それは、神でさえも決められないことです。

アセンションは、神が単独で起こすことは不可能なのです。宇宙は波動でできていますから、波動の荒い人類が多すぎては、アセンションは不可能なのです。結局のところ、波動に応じた世界しか創造できないからです。

人類の波動が高くなれば、そのときこそ神が動かれるでしょう。そうでなければ、アセンションは遅々として始まりません。

このアセンション、立替えについて知らされたのは、明治二十五年、出口なお氏に伝えられた『お筆先』がはじまりでした。それから百二十年以上が経過しています。

「間もなくじゃ」と神々が伝えられた立替えはまだ起きていません。それだけ、人類の波動が低い状態が続いているのです。

地球上で、善良に生きていても、恵まれない人々は、辛さ、苦しさに耐えながら生きています。彼らは、アセンションの到来を心待ちにしています。恐らくは、戦争を続けるかぎり、人類の波動は高まらないのではないでしょうか。

ですが、それほど心配はいりません。

人類七十億人全員が目覚めることは不可能でも、その中の十四万四千人の波動が変われば、アセンションは起きると言われています。


黙示録に、「十四万四千人」が、額に印をつけられるという記述が出てきます。世界で十四万四千人が目覚めれば、世界は変わるということです。日本人はそのうち五万人くらいになると伝えられています。

この十四万四千人という数字には、意味があります。人間には三十二種類の御魂があり、その人たちがそれぞれ四千五百人ずつ集まれば、（三二×四五〇〇＝一四四〇〇〇）十四万四千人になります。この人たちが地球の狂った気を正すのです。世界が混乱に向かえば向かうほど、目覚める人は増えていきます。

私たちは、いつも意識を明晰にして、この地球を変えようとする気持ちを捨ててはいけないのです。

読者であるあなたを含めて、目覚める人々は増えつつあります。けっして諦めることはありません。

いつなにが起きても動揺することなく、日常の生活を淡々とこなしていきましょう。恐怖心からはもう卒業しているでしょう。意識を、天国方向に向けて生きていきましょう。

さて、来たるべきアセンションの到来は、人類の波動しだいと述べましたが、オーストリア人のヤーンという方が受け取った、創造主のお言葉があります。それは「聖なる九の年」に成就すると伝えられました（『アセンション時局』より）。

二〇一六年は、それぞれの数字を足し算すると、九になります。

二〇一六年は、日本の天皇が世界を十六方位に分けて治めていた、超古代から続く時代の終わりを示すと同時に、新しい時代のはじまりの年でもあったのです。

この、「聖なる九の年」である二〇一六年は、アセンションが成就する年ではなく、その最初の年、スタートの年と解釈できるのです。

二〇一六年の、次の九の年は、二〇二五年です。

「何事も鵜呑みにするな」の言葉を忘れるべきではありませんが、一つの目安にはなるかもしれません。アセンションの到来時期は漠然としていて、雲を掴むような情報しかありませんが、いつでも準備ができていれば、焦ることも心配することもありません。

自分の肉体は、自分のものであると思われるかもしれませんが、なかなか自分の意思通りに肉体は働きません。あっという間に歳を取り、弱っていきますし、突然大病を患うこともあります。自分の自由にはならないのです。

「自分の力で生きている」というのも、思い込みに過ぎません。実際は、見えざる力によって生かされています。

人間は、もっと謙虚にならなければなりません。

見えざる力や見えざる世界を見て、宇宙の神秘を知れば、いかなる理由があっても、自分の都合で他人を害したり、傷つけたり、思い通りにしようなどとは考えられません。同じように、自殺などの選択もできなくなります。

それなのに、自らや他人を傷つける人が後を絶たないのは、彼らが悪人だからではありません。なにも知らないからなのです。知らないことは罪なのです。

道理を知っていて悪を犯した人と、知らずに犯した人では、どちらが罪が重いでしょうか。常識で考えると、「知っていてやった方が悪い」となりますが、神の目から見ると、「知らずにやった」方が、罪が深いのです。

知った事実を、心に刻んでください。知ることに価値があります。

人類のユートピア

地球が間違いなくアセンションを迎えるという情報は、地球の守り神である国常立太神からもたらされたものです。

すでにお伝えしたように、最初の情報は明治二十五年にもたらされましたが、最近でも、それに関する知らせを受け取る人が何人か出てきています。

当初神が考えておられたよりも、実現の時期が遅れているのは確かなようです。それほど、人類の波動が遅々として上昇していないのでしょう。

創造主は「宇宙の法則」を自ら破ることはできません。自らがつくった法則を、自らで破るなら、規律は無くなってしまい、無法状態になります。宇宙は崩壊に向かうでしょう。宇宙の法則に反することは、いかなる神といえども不可能なのです。

ゆえに、創造主が人間に分け御霊を与えられ、創造主と同じ自由を与えられたことの意味は、実に深いものなのです。

人間の意志を深く信頼し自由を与えた以上、創造主が変更を迫ったり、「こうしなさい」と指図することはできないのです。人間を、創造主と同じ状態にされたともいえます。人間の意志を左右するものは、創造主も従われる「宇宙の法則」以外にはないのです。

　人間が自分で自分の意志を変えることはできますが、神には人間の意志を変えることはできません。たとえば、地球全体を平和にするために、戦争を一切止めようと人類が決断することはできます。しかし、それを神が強制することはできないのです。いかなる神も人間の自由意思を左右できません。


　アセンションとは、この地球の三次元世界が五次元以降の世界に上昇することと言いました。次元の高い世界へ移行すれば、肉眼で見える世界ではなくなります。

　今の肉体そのままで変化するのか、肉体がいったん滅んで、幽体、霊体になるのかについては、まだ明確ではありませんが、半霊半物質になる人間が増えると伝えられています。

　アセンションした後の世界は、人間だけの力ではなく、神々の指示に基づいて構築していくといわれています。人々は、神々と話し合い、理想郷、ユートピアとして描いていた世界が実現するのでしょう。仏国土、神の国に近づく世界ともいえます。

　アセンション後の世界を考えておくことは、今の世界をどのように変えていったらいいのかのヒントにもつながります。

創造主の意図、意志は愛そのものですから、平和な社会の実現は当然として、各自が躍動する生き方ができる世界でしょう。誰かが全体を統一して管理するような社会ではありません。権力も統制も一切不要の世界です。

命令されたり、それに従属したりする社会ではありません。すべてが自由意思に任される世界です。

現在は、自由には義務がともないますが、来たる世では、この義務も消えるでしょう。義務がなく、自由だけ保障されている社会は、誰もが好き勝手をして統制が取れなくなり、乱れていくと思うでしょうか？　たしかに、現在の常識で考えるとそうなるかもしれませんが、次元が高い世界においては様相が一変します。

誰かに命令されたり、指示されなくても、自分の意思で自分の行動を決め、それが社会のすべてに貢献し、助け合っていけるようになるのです。義務感で、なにかをしなければならない、と考える人はいなくなります。それでも社会が乱れることはありません。住民が意識を創造主にあわせているからです。

躍動感を持てるのは、全体に貢献し、まわりに喜ばれた時だと知っているからです。全体に奉仕、貢献することが人類の生き甲斐になる社会では、義務感など不要なのです。

誰かを見習ったり、真似たりするのでなく、それぞれが自由意思に基づいて個性を発揮するでしょう。平等や差別に敏感になることも、権利を主張することもありません。恐らく、権利意識も消えているでしょう。政治家も官僚も警官も裁判官もいません。もちろん、軍人もいません。官庁も役所もなく、税務署、銀行、証券取引所もありません。国境もありません。

エネルギーは、フリーエネルギーを空間から取り出して使うことになりますから、食料やエネルギーを奪い合って争うことも無くなります。

そんな世界で、自分と他人は平等であるか、などと比較する人はいないでしょう。他人を意識しないということは、他人に対する競争心、見栄や嫉妬、怒りや怨念が生じないということです。競争して勝つことに喜びを見出す今の社会とは大きく異なります。現在の世界は、競争心など、他人を意識する感情からあらゆるトラブル、喧嘩がおこり、果ては殺人などの事件にまで発展しているのですが、そうしたトラブルは無くなります。

みんなが幸福で、不安や心配の無い社会、競争心を持たず、協調心で生きる世界です。

つねに感謝する心を持ち、心を躍動させるために自立して考え、行動します。他人に影響を受けたり、他人に依存する人はいません。しかし、他人がいなくては自らの躍動感が生まれないことを知っていますから、他人を大切にします。みんなが仲間であり、同朋、肉親のような存在になるでしょう。今の社会のように、身内だけを大事に考える人はいなくなります。

喜びの方向性は、現在とはまったく違う方向へと変化するでしょう。お金は不要の世界ですから、物質的な喜びとは無縁になり、真理の追求が喜びになっていきます。真・善・美の追求であり、創造主に近づくことです。それは、果てしなく無限に続いていくものになります。広大無辺な宇宙には、奥深い神秘が横たわっています。それを、力を合わせて解明していくのです。

更なる進化を意味する死を悲しむ人はいません。死者とコンタクトを取ることすら可能になります。

実際は、こうして想像を巡らす以上の環境になるでしょう。

重い肉体を背負って、他人より少しでも恵まれた生活を得たいと、もがき苦しみながら生きている現在の地上生活では、考えられないことばかりです。

これは、単なる夢物語ではありません。神々が望んでおられる、これからの進化の先を示したものです。神の実在を信じられない人々は、これらの情報も恐らく信じられないでしょう。どうか、無明の人生から決別されますように。

人類には、明るい光が差し込んでいます。これらの情報を無視するのでなく、心の片隅にインプットしてください。

あなたを目覚めさせないように、混乱させるように仕向ける情報が現実には満ち溢れています。それらの中から、究極的になにを選択するのかは、あなたの意思や決断にかかっています。あなたの意志も決断も、あなたの波動に影響を受けます。「類は友を呼ぶ」というのは、波長の法則のことです。同じような波動を持った人々や情報にひかれるのです。「朱に交われば赤くなる」のは、当然です。

だからこそ、日ごろから自分の波動を高める努力を怠らないようにしましょう。神の波動、創造主の波動を目標にしましょう。完璧を考えなくても、できるだけの努力でいいのです。目標をしっかり持って生きることが大切なのです。

最後の「警告」

地球はやがて確実にアセンションを迎え、その後の地球はユートピアのようになるとお伝えしました。

しかし、このままなにもしないでいるだけで、理想的な社会が棚ぼた式に到来するわけではありません。阿鼻叫喚《あびきょうかん》の地獄の苦しみを味わった後になります。

筆者は、不思議な本に出会いました。『東京直下地震　3年以内震度9』著者はChiranと書かれています。Chiranさんは、アトランティスの時代に科学者だったという記憶の持ち主で、小学一年生のころから宇宙人と接触し、宇宙船で進化した星々を見せられ、教育を受けてきたそうです。

アトランティスの時代に、Chiranさんが二百人の部下と共に開発したクリスタル発電機は、出力一基で一億キロワット、百万キロ原発百基分に相当します。地球の磁場から電気エネルギーを取り出すフリーエネルギーシステムで、赤道付近に六基設置すれば全地球の電気を賄えるものでした。重力波を使った無線送電でしたが、三か月経過したころ、制御不能に陥りました。

定格発電量の十倍にも達するエネルギーを発して、発電所が崩壊しただけでなく、重力波の暴走は大陸全体に及び、アトランティス、ムー大陸は一夜にして沈没したのです。

被害はそれだけに留まらず、暴走した強力な重力波が地球に小惑星を引き寄せ、直径十キロという巨大な彗星がまとまって十個も地球に落ちてきたのです。地震と津波で、津波の高さは六千メートルに達しました。

当時の地球は陸地七割、海三割の比率でしたが、四十日に及ぶ雨が続き、海面が三千メートル上昇しました。雨を降らせたのは、月の内部に蓄えられていた水でした。月の内部は地球と違って、水で満たされていたのです。

これが聖書に書かれている「ノアの洪水」です。ノアの家族と動物のつがいは、方舟でなく宇宙船に引き上げられ、水が引いてから地上に戻されました。

当時の失敗の償いとして、Chiranさんは、宇宙人と協力して二十年間にわたり、東京直下型地震を食い止めてきたというのです。

地球の中身が空洞であることは、神のお言葉からも明らかですが、地球の外殻は四百キロの厚さがあって、その四百キロのなかにマグマがあり、地底湖があるのだといいます。その地底湖に地下水が貯まり、水温が二千度になると、蒸気爆発して地震を起こすのだということです。

東京はもともとほとんどが沼地であり、湿地帯でした。荒川、利根川、多摩川などが集中しており、地下には三個の大きな地底湖があります。この地底湖を電磁波で熱することで、地震は計画的に起こすことができるのです。阪神淡路大地震も三・一一の東日本大地震も、人工地震であることはよく知られています。

人工地震の技術は、ロシア、アメリカですでに確立されています。

Chiranさんはじめ、異星人たちは、目に見えない形で東京上空に五機の宇宙船を待機させ、地底湖の温度をモニターしていました。人工的に水温が上昇すれば、これを検知してガス抜きをするのです。

したがって、彼ら異星人が認めない人工地震は起こせないことになります。そうであるならば、起こった地震は、神の世界も許し、異星人も許した地震ということになります。これは、悪のサイドが起こす人工地震を利用して、神の意志を人類に伝えようとされたからと考えることができます。彼らは、悪の御用を果たしているのです。

本来は、日本の天皇を中心にして、世界を人類の住みやすい平和な世界に変革していこうという計画がありました。しかし、天皇を象徴にまつり上げた国民は、天皇の自由を奪いました。天皇の意志を尊重して政治をおこなうこともありません。

東京には政治家が集っていますが、彼らは権力を強め、富の独占、貧富の拡大、社会の矛盾に目を瞑り、自分たちさえよければいいという態度を改める気配がありません。国民もまた、悔い改める気配がありません。目先の利益ばかりを追い求め、競争競争の世界で自分のことばかりを優先させて生きています。利他の心など持つ人は稀です。このような状態で地震から国を守っていても、進化が遅れるばかりだと判断されました。

そのような理由で、Chiranさんの了解のもと、異星人たちはモニターを撤去してしまったのだそうです。そのことは、人工地震を起こす連中も察知しているでしょう。最終的に起こる地震と未来の情景をChiranさんは異星人たちに見せられたそうですが、ほとんどの超高層ビルは倒壊し、二千万人以上が犠牲になるといいます。

日本全体が、天地が引っくり返るほどの地震に見舞われることになれば、相当の被害を受けるのは当然です。跡形もなく海底に没する地域も生まれるでしょう。

この大混乱が襲いかかるとき、利他の心で生きた人は、新しい地球を再生するために助けられます。そのための大型宇宙船が三機、用意されています。この大型宇宙船が太陽の光を遮断するので、地球は三日間ほど暗くなるとのことです。

これは、いずれにしても、遠い先の話ではありません。

今から宇宙の意志を学び、利他の心を持って、世界の平和を願う生き方に変換すべきなのです。

創造主のお言葉にも、「利他の心を持つように」とあります。

どうか、生き方を改め、来るべき新しい地球に至れるように、そういう人々が一人でも増えることを、心から願っています。

おわりに

本書で述べることは非常識なものだと冒頭でお断りしましたが、本当に理解が進めば、きわめて常識的で、誰でも知っているようなことだとおわかりいただけると思います。

ですが、見えない世界についての神々の存在、宇宙創造主の存在について考えたこともない人たちにとっては、きわめて非常識な内容でしょう。

人間がどこから生まれてきて、死んでどこへ行くかを知っている人、なにを目的に生まれてきたかを知っている人は少なく、人間の転生などの現象が、自然科学と同じように、一定の法則に基づいていることを理解している人も少ないのです。私たちは、説明できない多くの現象を、「偶然の出来事」として、片づけてきました。

しかし、この宇宙に偶然はありません。すべてが、一定の法則の下に、必然として起きてきます。だからといって、未来が確定しているわけではありません。必然で起きる未来が確定していないというのは、そこに法則が働いているからです。

一つの現象が導かれるためには、その要因が必要です。要因が変われば、結果は変わってしまうのです。要因の変化を見落として結果だけを見ていると、必然の意味がわからず、偶然に見えてしまうのです。すでにお伝えしたように、この法則を「カルマの法則」「作用、反作用の法則」「善因善果、悪因悪果」とも言います。

ある予言が的中したとして、騒がれることがときおりありますが、神でさえも、未来を予言できないのです。神が出されるのは「預言」であって「予言」ではありません。

今までも、「ノストラダムスの予言」や、マヤ暦の終焉と共に、世界が終わるという予言もありましたが、的中しませんでした。なぜ予言があたらないのか。それは、要因が変化するからです。予言を聞いた人々の心の動き、波動が変わり、要因が変化することで、予言通りの出来事が起こらなくなるのです。

筆者は、母親が早く他界したこともあって、少年時代から死後の世界に関心を抱いてきました。さまざまな書物を読み漁りましたが、なかなかこれぞというものに出会えませんでした。

そうして知識を渉猟するなかから、宇宙には人類には考えられないほど進化した惑星があることを知ったのです。これらの進化した世界は、人類の歴史と同じように、権力によって隠蔽され改竄されており、真実の情報が堂々と公表されることはありません。

見えない世界の実態を知ることも至難の業ですが、この見える三次元世界でさえ、真実を知ることは容易ではないのです。

テレビ、新聞等で報道されるニュースは、けっして事実をストレートに伝えてはいません。すべて都合よく加工されていたり、情報操作されているのです。こうした情報操作がおこなわれるのは、権力を確保した一握りのグループが、その権力を手放したくないからです。国民を「井の中の蛙、大海を知らず」の状態にしておきたいのです。

「人類奴隷化計画」や進化した宇宙情報などは、絶対に知られたくない情報なのでしょう。人類は月面着陸に成功しましたが、その段階で月面に人工的な建造物を発見したり、宇宙船に遭遇するなどの体験をしているのです。しかし、それがそのまま報道されることはありませんでした。地球人類よりも進化を遂げた異星人の存在は、重大機密なのです。

人類は、そうした妨害をふりきっても進化しなければなりません。科学や文明だけの発展だけにとどまらず、精神的に成長して、進化を果たす時に来ています。

目に見える世界の真実でさえ、容易には信じられず、伝えるのは難しいものです。ましてや、目に見えない世界の真実を明確にするのは至難です。

それを少しでもお伝えしたいと考えた結果が本書です。

本書がすべて真実であるとは、けっして言えません。神の世界と交信した情報でさえ、絶対とは言えません。すべてに「段階の法則」が働くからです。伝えられても理解できない内容については知らされませんし、方便としてあえて間違った情報を伝えられる場合もあります。

しかし、見える世界と見えない世界はつながっています。見えない世界を無視したままでは、見えるこの世界も変えられないことがわかってきました。


今の時代は、なにかを信じたばかりに被害に遭うことも稀ではありません。「不信の時代」なのです。振り込め詐欺や投資詐欺が横行しているように、他人の話を信じたばかりに手痛いダメージをこうむった人は少なくありません。目に見えない世界を見えるように語る霊能者を信じたばかりに、多くの金品を奪われる被害も発生しています。

信じる前に、知ることがいかに大切か、ということです。信じれば救われる時代は終わりました。今は、真実を知ることが救われる道です。本気で真実を追求する努力をしなければなりません。本当のことを知り、確信することで、自分自身を強くしていけるでしょう。

最初から否定した心では、他人の話を聞いても心に入らないでしょう。神々は言われました。「疑問を持て！　だが、疑惑を持つな！」と。

宗教は、「疑問を持たずに信じよ」でした。しかし、心に安心と平和を実現できたでしょうか。

筆者が、真理だと考えても、「あなた」はそうでないと考えるかもしれません。それでいいのです。真理とは、そう簡単に人類に知らされるものではありません。「真理」を「真理」と見做すのも、「そうではない」と判断するのも、どちらが正しいとはいえません。それを考える人々の「進化の段階」によって判断が分かれるからです。

「人類がまもなくアセンションを迎える」という情報を本気にする人、笑い話にする人。人類の起源は七百二十万年前に遡るという情報を信じる人、信じられない人。「ニニギノ命」が高千穂の峰に降《くだ》られたのが人類の起源であると信じている人もいます。人類の先祖がネアンデルタール人だとか、クロマニヨン人とか、北京原人だとかを信じている人もいます。

どれが真理であると主張しても、真理の証明にはなりません。

ここでもっとも重要なことは、いろんな情報を知って、自分で判断することです。自分がどう考えるか、これは自分自身の進化に関係してきます。

アセンションの到来を知っている人は、世界の平和を願わずにはおれません。宇宙が波動の世界だと知っているからです。三次元から五次元以降の高次元に地球が移行するという「アセンション」を願うなら、波動の低い人類の戦争状態を終結させなければなりません。

「人類の平和」は、単なる平和主義者の主張ではありません。人類の「進化」を目指すか、「退化」を容認するかの選択なのです。一国の問題でもなく、一権力者の問題でもありません。地球人類全員の問題です。地球人類は地上に生活をはじめてから、何度となく、最高度に発展した文明のすべてを破壊し、ゼロからやり直してきました。

再び過ちを繰り返すのか、すべてを知って、悟って、アセンションした地球を目指すのか、最後の選択を迫られているのです。

最後に、繰り返してお伝えしたいことは、人類の平和を実現するには、それを願う人々が、自分の心の中に平和を築かなければならないということです。外に目を向けて、他人に「平和」を訴えても、平和は実現しません。自分の内側に意識を向け、自分の内面を平和にすることです。

自分が変わらなければ、地球世界は変えられません。

自分の心を変えることができた時、世界は変わりはじめるのです。あなたが、人類のこれからの未来を決めるのです。あなたの生まれてきた意味、それは宇宙すべてを愛で満たすために、真剣に力を発揮することです。

この本によって平和の実現の意義と方法を感じていただけたなら、そしてそれがあなた自身の進化につながれば、それこそ筆者の本望であり、嬉しいかぎりです。

参考文献

『超巨大「宇宙文明」の真相』ミシェル・デマルケ　徳間書店
『洗脳』ベリー西村　明窓出版
『ガイアの法則』千賀一生　徳間書店
『淡路ユダヤのシオンの山が七度目《地球大立替え》のメイン舞台になる』魚谷佳代　ヒカルランド
『幸せの予約、承ります』小笠原慎吾　サンマーク出版
『竹内文書』高坂和導　徳間書店
『太古、日本の王は世界を治めた』高橋良典　ヒカルランド
『太陽の福音書』清水浦安　シャイニー・ドロップ
『サマディ』相川圭子　学研
『日月神示』ベスト選集　ヒカルランド

著者プロフィール

後藤 征士（ごとう まさし）

建築工学を専攻し、大手ゼネコンに40年間、籍を置く。

30代のころから、現代科学では説明できない、地上に残る古代遺跡に関心を持ち、それを調べるなかで、進化した異星人の存在を知る。

死後の世界と進化した惑星との関係を探求するうちに、神々と交信できる能力を持つ複数の人物と出会い、神の世界の実在を知る。

神武天皇から始まったとされる日本歴史の過りや人類の起源、そして人が「不戦の誓い」をして誕生してくるという「宇宙の摂理」を教えられる。

その後、宇宙創造主の存在を知り、創造神や「宇宙の法則」を知る。

人類が平和になることが、今世でやりとげなければならない人類の究極の課題であることを発見し、確信する。

著書に『超古代の黙示録』(たま出版)、『宇宙の神秘』等がある。

最後の警告 宇宙の意志が導く平和への道標

2017年8月15日　初版第1刷発行

著　者　後藤 征士
発行者　韮澤 潤一郎
発行所　株式会社たま出版
〒160-0004 東京都新宿区四谷4-28-20
☎ 03-5369-3051（代表）
http://tamabook.com
振替　00130-5-94804

印刷所　株式会社エーヴィスシステムズ

ISBN978-4-8127-0405-9　C0011